AVALIAÇÃO DAS APRENDIZAGENS, PARA AS APRENDIZAGENS E COMO APRENDIZAGEM

OBRA PEDAGÓGICA DO GESTOR

BENIGNA VILLAS BOAS (ORG.)

Pedagoga, mestre e doutora em Educação, é professora emérita da UnB e coordena o grupo de pesquisa Avaliação e Organização do Trabalho Pedagógico (Gepa).

ENÍLVIA ROCHA MORATO SOARES (ORG.)

Mestre e doutora em Educação, é professora aposentada da SEEDF. Integra os grupos de pesquisa Avaliação e Organização do Trabalho Pedagógico (Gepa) e Docência, Didática e Trabalho Pedagógico (Prodocência).

AVALIAÇÃO DAS APRENDIZAGENS, PARA AS APRENDIZAGENS E COMO APRENDIZAGEM

OBRA PEDAGÓGICA DO GESTOR

1ª Edição

Segmento de Ensino: Anos Iniciais do Ensino Fundamental

Campinas - SP, 2022

Capa	Fernando Cornacchia
Coordenação	Ana Carolina Freitas
Copidesque	Anna Carolina G. de Souza
Diagramação	DPG Editora
Revisão	Simone Ligabo

Dados Internacionais de Catalogação na Publicação (CIP)
(Câmara Brasileira do Livro, SP, Brasil)

Avaliação das aprendizagens, para as aprendizagens e como aprendizagem: Obra pedagógica do gestor/Benigna Villas Boas, Enílvia Rocha Morato Soares, (orgs.). – Campinas, SP: Papirus, 2022.

Vários autores.
Bibliografia.
ISBN 978-65-5650-123-9

1. Aprendizagem 2. valiação educacional 3. Educação – Finalidades e objetivos 4. Gestão escolar 5. Professores – Formação I. Boas, Benigna Villas. II. Soares, Enílvia Rocha Morato.

22-98751 CDD-370

Índice para catálogo sistemático:

1. Aprendizagem: Avaliação: Educação 370

Eliete Marques da Silva – Bibliotecária – CRB-8/9380

1ª Edição – 2022
3ª Reimpressão – 2025
Tiragem: 50 exs.

Exceto no caso de citações, a grafia deste livro está atualizada segundo o Acordo Ortográfico da Língua Portuguesa adotado no Brasil a partir de 2009.

Proibida a reprodução total ou parcial da obra de acordo com a lei 9.610/98. Editora afiliada à Associação Brasileira dos Direitos Reprográficos (ABDR).

DIREITOS RESERVADOS PARA A LÍNGUA PORTUGUESA:
© M.R. Cornacchia Editora Ltda. – Papirus Editora
R. Barata Ribeiro, 79, sala 3 – CEP 13023-030 – Vila Itapura
Fone: (19) 3790-1300 – Campinas – São Paulo – Brasil
E-mail: editora@papirus.com.br – www.papirus.com.br

SUMÁRIO

APRESENTAÇÃO...7

1. AVALIAR PARA PLANEJAR... PLANEJAR PARA AVALIAR...9
    Enílvia Rocha Morato Soares

2. EXAMES EXTERNOS, DESEMPENHO ESCOLAR E QUALIDADE
    DO ENSINO: RELAÇÕES 14
    Enílvia Rocha Morato Soares

3. ENTRELAÇANDO A AVALIAÇÃO PARA AS APRENDIZAGENS,
    A AVALIAÇÃO INSTITUCIONAL E A AVALIAÇÃO DE SISTEMA
    POR MEIO DO PORTFÓLIO..19
    Benigna Villas Boas

4. O QUE A ESCOLA PODE FAZER COM OS RESULTADOS DOS
    TESTES EXTERNOS?..25
    Claudia de O. Fernandes

5. COORDENAÇÃO PEDAGÓGICA: ESPAÇO E TEMPO DE
    ORGANIZAÇÃO DO TRABALHO PEDAGÓGICO COLETIVO...............32
    Edileuza Fernandes Silva e *Rosana César de Arruda Fernandes*

6. AVALIAÇÃO INFORMAL NA ESCOLA: ENCORAJANDO ATITUDES
    SOCIAIS E EDUCACIONAIS DESEJÁVEIS 38
    Benigna Villas Boas

7. PAIS/RESPONSÁVEIS: PARTICIPAÇÃO NECESSÁRIA!............................ 43
Rose Meire da Silva e Oliveira

8. CONSELHO DE CLASSE: FOCO NO PROJETO DA ESCOLA OU NA RESPONSABILIZAÇÃO DOS ESTUDANTES? 47
Elisângela T. Gomes Dias e *Sílvia Lúcia Soares*

9. É POSSÍVEL DRIBLAR O *BULLYING* NA ESCOLA POR MEIO DA AVALIAÇÃO? 55
Benigna Villas Boas

10. REFLEXÕES FINAIS: A AVALIAÇÃO NA, DA E PELA ESCOLA.................. 61
Enílvia Rocha Morato Soares

SOBRE OS AUTORES 63

APRESENTAÇÃO

Situar a avaliação no trabalho pedagógico escolar implica percebê-la como uma prática que se estende para além da sala de aula. Esse entendimento pode ser considerado decisivo para que todos os envolvidos no processo de escolarização se corresponsabilizem pela qualidade do trabalho desenvolvido e, por associação, pelo desempenho dos estudantes.

Como principal articulador desse processo, o gestor deve compreender a avaliação como uma aliada na condução do trabalho que realiza. Favorecer a parceria entre avaliação e conquista permanente de aprendizagens pelos estudantes e por toda a escola possibilita conceber o processo educativo como parte da realidade social em que se desenvolve, desvelando interesses, muitas vezes escusos, de reforço às desigualdades e de exclusão dos menos favorecidos.

Acreditar que todos podem e devem aprender demanda o olhar atento sobre o trabalho desenvolvido em sala de aula e na escola, redirecionando-o sempre que necessário, a fim de que os saberes veiculados nesses espaços sejam democratizados. É a avaliação posta na contramão das diferenças que inferiorizam e subordinam.

Quando a prática avaliativa segue acompanhada do compromisso de formar integralmente os sujeitos, promovendo sua autonomia e sua emancipação, é da avaliação formativa que está se falando. Nessa perspectiva, avaliação e aprendizagem se fundem no ato educativo que se concretiza como meio de humanização e libertação.

Ética, diálogo e compromisso político são princípios norteadores desse processo. O respeito e a parceria entre avaliador e avaliado, bem como a consciência do papel inclusivo da educação escolar podem conferir à avaliação a necessária condição de guiar reflexões e ações em favor do bem comum. Todos (estudantes e seus familiares, professores e demais profissionais da escola) são avaliadores e avaliados. Todos avaliam porque participam do processo e, por isso, têm a contribuir. Todos são avaliados porque têm sempre algo a aprender. São relações horizontalizadas em que a avaliação ganha relevância, porque imbuída do propósito de impulsionar avanços e gerar benefícios.

Analisar conquistas e desafios para, daí, centrar esforços na melhoria do trabalho e, em decorrência, na conquista de aprendizagens que possibilitem emancipar, constitui caminho seguro para pôr em prática a avaliação formativa.

1
AVALIAR PARA PLANEJAR... PLANEJAR PARA AVALIAR

Enílvia Rocha Morato Soares

Na maioria das escolas, o início de um ano letivo conta com momentos de planejamento do trabalho que se intenciona desenvolver ao longo daquele período. São ocasiões em que profissionais da educação e membros da comunidade escolar se reúnem para definir concepções, estabelecer objetivos e delinear ações que nortearão o coletivo da escola na busca por uma prática educativa de qualidade socialmente referenciada. O projeto político-pedagógico (PPP), documento elaborado a partir desse processo, possibilita

> instaurar uma forma de organização do trabalho pedagógico que desvele os conflitos e as contradições, buscando eliminar as relações competitivas, corporativas e autoritárias, rompendo com a rotina do mando pessoal e racionalizado da burocracia e permitindo as relações horizontais no interior da escola. (Veiga 1998, p. 13)

A intencionalidade educativa expressa no PPP demanda consciência do trabalho escolar, incluindo a compreensão de seus problemas, de suas potencialidades e dos desafios que precisarão ser enfrentados, a fim de que sejam pensados e organizados os meios para o alcance dos propósitos que serão fixados. Trata-se da adequação do real ao ideal, sem perder de vista que o "seu caráter utópico – o que ainda não existe – se estabelece em torno do que pode existir e de como deve ser encaminhado para que exista o que pode existir" (Veiga e Araujo 2007, p. 32). Nesse cenário, a avaliação assume o relevante papel de viabilizar a construção de projetos exequíveis e iminentemente exitosos, porque pautados em uma visão crítica da realidade concreta existente. Para isso, faz-se necessário superar a visão linear, pontual e conclusiva que, em geral, incide sobre a avaliação, situando-a ao final de períodos.

Reflexões sobre como se pretende caminhar requer o olhar atento sobre o percurso já trilhado, que serve de norte para a manutenção do que foi produtivo, eliminação do que não foi e projeção de novas investidas que, por sua vez, deverão ser reincidentemente analisadas. Assim conduzida, a avaliação cumpre sua função formativa, por permitir retroalimentar contínua e sistematicamente a ação educativa.

Elevar a avaliação a essa condição implica superar concepções ainda bastante presentes em nossas escolas. Uma pesquisa realizada em uma escola pública do Distrito Federal apontou que os entendimentos sobre avaliação se encontram ainda distanciados de propósitos formativos. À questão "O que você entende por avaliar?", grande parte dos professores, estudantes e familiares assim se posicionou:

Para mim, avaliar é uma forma de você conhecer aquilo, alguma pessoa, qualquer coisa de modo geral assim. (Estudante do 7º ano)

Para ver se uma coisa está boa, se está certo. (Estudante do 7º ano)

Dar sua opinião sobre alguma coisa. (Estudante do 9º ano)

Para mim, avaliar é ver se está certo, se está errado, corrigir. (Estudante do 7º ano)

É a verificação da aprendizagem do aluno diante daquilo que foi ensinado, por meios diversos. (Professor)

O desenvolvimento do conteúdo passado, o seu desenvolvimento. (Professora)

Forma de mensurar o desenvolvimento e o aprendizado dos estudantes no decorrer do ano. (Professora)

Tentar saber o nível de conhecimento. (Professor)

Processo natural que é cobrado a partir do momento em que é repassado um conteúdo para determinada pessoa. (Professor)

Diagnosticar se houve ou não aquisição de conhecimentos dos conteúdos ministrados. (Professor)

Forma de colocarmos pontos positivos ou negativos de um serviço, de algo que nos foi oferecido. (Mãe)

Obter conhecimento referente ao que foi proposto a fim de saber resultados. (Mãe)

Dar um parecer, um *feedback* quanto ao desenvolvimento de alguém ou algo. (Mãe)

É prestar atenção no que acontece com o aluno, perceber suas necessidades, seu progresso e conduta. (Responsável)

Verificar o andamento de algum projeto, se o mesmo está sendo negativo ou positivo. (Mãe)

Classificação do que é bom ou não. (Pai)

Entre as diferentes análises que podem ser feitas a partir das falas dos interlocutores, será aqui destacado o caráter categórico e definitivo conferido por eles à avaliação, destituindo-a de sua condição mobilizadora de ações em favor de melhorias. Isso acontece porque não sinalizam transformações na realidade avaliada, limitando-se a constatá-la, posicionar-se frente a ela e, em alguns casos, atribuir-lhe algum valor. Mesmo quando o *feedback* – importante elemento da avaliação formativa – é mencionado, a referência é ao retorno de informações ao sujeito ou ao objeto avaliado, sem se reportar aos efeitos que esse retorno deve produzir para que avanços ocorram.

A avaliação se torna, assim, inócua, por limitar-se a um balanço do trabalho realizado a fim de classificá-lo quanto à qualidade dos resultados produzidos. Tende ainda a ser desvalorizada e desacreditada, uma vez que pouco ou nada serve ao trabalho escolar e aos que dele participam, constituindo um fim em si mesma. A provisoriedade e a fragmentação caracterizam esse processo, deixando, sem o devido proveito, visões e análises capazes de embasar e impulsionar mudanças positivas.

Planejado dessa forma, o trabalho pedagógico contará com avaliações realizadas em circunstâncias específicas, comumente ao final de percursos, comprometendo a dinamicidade que deve caracterizar o PPP por possibilitar melhorá-lo sempre que necessário. Não se trata de negar o passado que, pelas suas determinações, se faz presente, mas de buscar interpretá-lo, visando traçar intervenções que traduzam o anseio de tornar presente o futuro projetado (Veiga e Araujo 2007).

Em uma perspectiva formativa, planejamento e avaliação se fundem em um movimento dialético que os une em propósitos e em compromisso com a construção de uma escola democrática, tanto em respeito ao ensino que ministra quanto à aprendizagem dos saberes que veicula. Apropriar-se da realidade escolar é importante, porém não basta. As informações levantadas por meio de diferentes práticas avaliativas devem fundamentar a tomada de decisões que, devidamente planejadas e permanentemente avaliadas, incitam progressos. É essa dinâmica, característica da avaliação formativa, que deve marcar o trabalho desenvolvido nas escolas.

Convém lembrar que, mesmo quando partidários de uma prática avaliativa que favoreça a aprendizagem de todos os estudantes, independentemente de sua classe econômica e social, parte significativa dos professores admite encontrar dificuldades para desenvolvê-la. Reflexões nessa direção apontam a formação docente como importante aliada para o rompimento de barreiras que impedem a inter-relação dos binômios acreditar/saber e querer/fazer. A "educação continuada" (Araújo 2000, p. 34) pode contribuir para o letramento em avaliação e, em decorrência, para uma prática avaliativa refletida. Segundo Stiggins (1991, p. 537), os letrados em avaliação

> sabem se e quando uma avaliação reflete adequadamente uma meta de realização claramente definida. Eles são sensíveis à adequação do objetivo à amostra de desempenho do aluno que está sendo avaliado. Eles podem identificar fatores que podem interferir nos resultados e confundir os tomadores de decisão. E sabem que podem ou não usar os resultados na forma em que foram produzidos. Eles também sabem que, se as condições apropriadas não forem satisfatórias, os dados de desempenho podem se tornar menos úteis, podendo ocasionar más decisões podendo prejudicar os alunos. Os letrados em avaliação preocupam-se com a educação de alta qualidade e agem de forma assertiva para evitar uma avaliação incoerente.

A formação continuada docente se mostra ainda mais relevante diante da possibilidade de situar a avaliação em um campo investigativo, no qual as constantes interrogações que dele emergem se revelem importantes para a busca de melhorias da realidade avaliada e, em consequência, para a construção de uma escola cujos conhecimentos estejam ao alcance de todos (Esteban 1999). Assim como as demais ações inscritas no PPP, a formação em serviço deve ser devidamente planejada e sistematicamente avaliada.

O binômio planejamento-avaliação não se esgota na articulação entre a avaliação que se faz do planejamento e o planejamento que se faz a partir da avaliação de uma determinada realidade. Estende-se ainda ao planejamento da própria avaliação. Diferente da "avaliação tradicional que, de tão convencional, não precisa ser planejada" (Villas Boas 2001, p. 190), a avaliação formativa deve ser refletida e planificada.

> Compõem o seu plano: a justificativa da sua adoção, a abrangência (as atividades a serem avaliadas e quem será avaliado), as suas finalidades, os procedimentos a serem adotados em cada situação, como serão registrados os resultados obtidos e o que será feito com eles. Sem a formulação desse plano, a intenção se perde pelo caminho. (*Ibidem*)

A autora defende ainda que a própria avaliação deve ser avaliada. É preciso analisar até que ponto ela está cumprindo os propósitos inicialmente estabelecidos, as dificuldades que porventura estejam impedindo seu alcance e as formas de superá-las.

O plano esboçado por Villas Boas (2001) não se limita ao "como avaliar" – preocupação central de parte significativa dos educadores. São acrescidos aspectos que suscitam reflexões sobre "para que" e "por que" avaliar, permitindo pensar a avaliação em toda a sua abrangência e significação.

Independentemente do nível em que a avaliação aconteça (das aprendizagens dos estudantes em sala de aula, do trabalho da escola e em larga escala) ou das modalidades utilizadas (formal e informal), o propósito de contribuir para a construção contínua de novas aprendizagens deve referenciar o planejamento que dela se faz. Assegurar que o caráter formativo incida sobre todas as práticas avaliativas é contribuir para que a escola cumpra o papel social de ensinar a todos(as).

Vale destacar, no entanto, que a necessária indissociabilidade entre planejamento e avaliação formativa, conforme aqui explicitada, somente se sustenta no âmbito de um trabalho pedagógico conduzido sob ideais democráticos. Como liderança educacional maior e principal articulador político-pedagógico no âmbito da escola, o gestor tem, em sua atuação, o desafio de garantir que o projeto político-pedagógico se constitua a partir de um processo participativo de decisões e que as avaliações que dele se fazem se efetivem na perspectiva do diálogo e da negociação em torno do objetivo comum de democratizar os saberes escolares.

> A luta pela sustentação de projetos político-pedagógicos coletivos ancorados no compromisso com a produção do 'bem comum', depende do concurso dos múltiplos atores sociais envolvidos com um projeto de formação. Para isso, esses atores devem se encontrar em espaços/tempos que favoreçam a livre expressão de suas ideias, propiciando-lhes condições para um diálogo plural, no qual a linguagem crie formas de inteligibilidade entre eles, alimentando um pacto de qualidade que negociam à luz das necessidades sociais que pretendem atender. (Bondioli, *apud* Freitas *et al.* 2009, p. 34)

Espaços-tempos destinados à avaliação institucional ou à avaliação do trabalho da escola feita pelos sujeitos que a vivificam são indicados para o encontro entre planejamento e avaliação. Conselhos de classe, coordenações pedagógicas coletivas e reuniões de pais são algumas reuniões que possibilitam discutir o previsto no PPP, comparando-o com o trabalho desenvolvido, visando reforçar ou rever tais prognósticos. A avaliação que aqui se estabelece deve contar ainda com informações advindas dos demais níveis em que ela acontece, a saber: em sala de aula, quando o professor se responsabiliza por sua condução e os resultados obtidos a partir da aplicação dos exames externos. A reunião dessas informações permite ampliar o olhar sobre o trabalho pedagógico, além de fortalecer as possibilidades de um uso mais consequente e ético da avaliação.

A desarticulação dos dados da avaliação do ensino-aprendizagem com os oriundos dos demais níveis dificulta a superação de problemas comumente atribuídos somente a esse nível avaliativo e aumenta a probabilidade de decisões mais fundamentadas (Freitas *et al.* 2009). Retirar o professor de seu "narcisismo reflexivo" (*ibidem*, p. 34), "produzindo escolas reflexivas" (*ibidem*) amplifica também a possibilidade de transformação dos processos escolares. Isso significa que a avaliação do desempenho dos estudantes, dos professores e dos demais profissionais que atuam na escola é uma tarefa coletiva e parte do projeto político-pedagógico. "Por esse caminho, as esferas do individual e do coletivo são preservadas, sem necessidade de nos fixarmos em um dos extremos: nem no coletivo que sufoca o professor, nem no professor isolado que impõe sua vontade unilateralmente" (Freitas *et al.* 2009, p. 13).

Tomados em sua singularidade, os dados gerados pelos exames externos pouco ou nada dizem sobre o trabalho escolar, podendo servir a interesses regulatórios do Estado que, por meio da classificação e da seleção de estudantes, bem como da responsabilização de professores e escolas pelos resultados alcançados reduz seu compromisso social de assegurar a todos o legítimo direito de aprender. Sem desconsiderar as benesses do olhar externo sobre o trabalho escolar, os índices produzidos pelos testes aplicados em larga escala só adquirem legitimidade política quando, aliados às informações produzidas no âmbito da escola e da sala de aula, são analisados pelo coletivo escolar, por meio de um processo autoavaliativo reflexivo e dialógico.

A articulação entre os três níveis da avaliação, bem como a necessidade de que todos eles se alicercem em propósitos formativos, exigirá união de esforços no sentido de desvendar e superar obstáculos que se impõem à construção e à reconstrução de projetos pedagógicos verdadeiramente democráticos e emancipatórios.

Referências bibliográficas

ARAÚJO, I. A. de (2000). "Educação continuada na escola: Traços, trilhas e rumos da coordenação pedagógica". Dissertação de mestrado. Brasília: UnB.

ESTEBAN, M.T. (1999). "A avaliação no cotidiano escolar". *In*: ESTEBAN, M.T. (org.). *Avaliação: Uma prática em busca de novos sentidos*. Rio de Janeiro: DP&A, pp. 7-28.

FREITAS, L.C. de *et al.* (2009). *Avaliação educacional: Caminhando pela contramão*. Petrópolis: Vozes.

STIGGINS, R. (1991) "Assessment literacy". *Phi Delta Kappan*, v. 72, pp. 534-539.

VEIGA, I.P.A. (1998). "Perspectivas para reflexão em torno do projeto político-pedagógico". *In*: VEIGA, I.P.A. e RESENDE, L.M.G. de (orgs.). *Escola: Espaço do projeto político-pedagógico*. Campinas: Papirus.

VEIGA, I.P.A. e ARAUJO, J.C.S. (2007). "O projeto político-pedagógico: Um guia para a formação humana". *In*: VEIGA, I.P.A. (org.). *Quem sabe faz a hora de construir o projeto político-pedagógico*. Campinas: Papirus.

VILLAS BOAS, B.M. de F. (2001). "Avaliação formativa: Em busca do desenvolvimento do aluno, do professor e da escola". *In*: VEIGA, I.P.A. e FONSECA, M. (orgs.). *As dimensões do projeto político-pedagógico*. Campinas: Papirus.

2
EXAMES EXTERNOS, DESEMPENHO ESCOLAR E QUALIDADE DO ENSINO: RELAÇÕES

Enílvia Rocha Morato Soares

Tal como hoje se encontra, a política educacional de corte liberal traz, em si, fundamentos que se apoiam em ideais de qualidade traduzida em eficiência e eficácia, pautadas fortemente pela relação escola-necessidades do mercado. É preciso, então, melhorar a "qualidade" da educação, de modo que, com baixo custo, possam ser atendidos os apelos da economia capitalista, destinando, para cada classe, os postos de trabalho que lhe competem por mérito. Essa política tem, em termos operacionais, a racionalidade como premissa e consiste em estratégia que permite restringir, aos mais pobres, o acesso ao conhecimento e, em consequência, a melhorias sociais.

A pedagogia do exame (Luckesi 2011) se insere nessa perspectiva, legalizando a restrição à educação, sob o simulacro do discurso da oportunidade extensiva a todos, porém com êxito limitado àqueles que se empenham para obtê-lo. É esse o contexto que vincula fortemente o exame à educação e insiste em sinonimizá-lo com a avaliação, que se impõe ao imaginário de grande parte da população e naturaliza a seletividade social que se realiza por meio dele. Estabelece-se, desse modo, "uma relação pragmática com a avaliação muito mais centrada na nota do que no quanto esta possa ser expressão da apropriação do conhecimento" (Sordi 2010, p. 314).

A sinonímia entre exames e avaliação tem sido, nos últimos anos, fartamente denunciada (Esteban 2002; Hoffmann 2005; Luckesi 2011; Ravitch 2011; Hadji 2001; Freitas 1991; Freitas 1995; Barriga 2015; Araújo, Cavalcante e Coutinho 2010; Villas Boas 1993; Villas Boas 2008; entre outros). Apesar de discursos dessa natureza repercutirem entre grande parte dos educadores, induzindo-os à defesa de uma prática avaliativa que atenda a todos, independentemente da classe econômica e social, a lógica dos exames parece sobreviver e se fortificar, porém sob nova roupagem. A avaliação centrada em testes e provas que se sustentou por aparentar justiça ao lidar com sujeitos cuja seleção precedia seu ingresso na escola e neutralidade ao ser abordada no âmbito de questões de cunho puramente intraescolar, precisou, nos últimos anos, ser transmutada, sob pena de ter sua credibilidade abalada.

O ideal de democracia que começou a ser, desde a década de 1980, bastante difundido e defendido, possibilitando o ingresso de grande parte das camadas populares na escola, trouxe também a necessidade de articular ensino e aprendizagem, demandando um novo formato e uma nova condução da prática educativa e avaliativa. A objetividade dos resultados obtidos por meio de exames se mostrou insuficiente e inconsistente para o cumprimento do papel mediador que cabe à avaliação no necessário diálogo entre o que se ensina e o que se aprende por conseguir, no máximo, indicar os bem-sucedidos e os malsucedidos. A seletividade se mostra presente na conexão direta avaliação-testes, por extrair do ato avaliativo o caráter processual, dialógico e dialético que lhe permite realimentar permanentemente o processo formativo, deslocando-o para momentos pontuais, quando é feito um balanço do que foi ou não apreendido e atribuído um valor ao resultado dessa apuração. A avaliação restrita a exames estaria, assim, na contramão da lógica da democratização da educação, negando aos recém-ingressos as aprendizagens necessárias para permanecerem aprendendo na escola e, quem sabe, por meio delas, conquistarem chances de ascender socialmente.

Resistindo às investidas em sentido contrário, o discurso da avaliação como panaceia capaz de dar conta dos males da educação e o alto investimento (financeiro e midiático) na capacidade de os testes em larga escala produzirem dados suficientemente seguros para verificar a qualidade do ensino, vêm, desde a década de 1990, se fortalecendo no Brasil e no mundo. Entre as diferentes implicações advindas desse cenário, destacam-se os entendimentos construídos sobre o desempenho dos estudantes e a qualidade do ensino, que, quando associados unicamente aos resultados dos exames externos, mostram-se equivocados. Isso não significa que uma análise mais aprofundada do trabalho escolar prescinda de dados obtidos a partir da aplicação de testes em larga escala.

O "objetivo de traçar séries históricas do desempenho dos sistemas, que permitam verificar tendências ao longo do tempo, com a finalidade de reorientar políticas públicas" (Freitas *et al.* 2009, p. 47), se mostra relevante e é possibilitado pelos exames externos que permitem olhar a distância, observar de fora as práticas escolares, auxiliando na identificação de necessidades dificilmente percebidas quando o olhar se restringe a percepções advindas de seu interior. São "parâmetros externos que permitem às escolas ter uma noção mais clara das qualidades ou fragilidades de seu ensino e de seu projeto pedagógico; [permitindo] que se comparem consigo mesmas e acompanhem o próprio percurso" (Blasis e Guedes 2013, p. 14).

Um dos principais instrumentos de avaliação do ensino utilizados no Brasil é o Sistema de Avaliação da Educação Básica (Saeb), que tem como objetivo oferecer um diagnóstico do desempenho escolar, levantando informações a serem utilizadas que visem à melhoria dos processos de ensino e aprendizagem. Realizado desde 1990, o Saeb compreende três exames: a Avaliação Nacional da Educação Básica (Aneb), a Avaliação Nacional do Rendimento Escolar (Anresc ou Prova Brasil) e a Avaliação Nacional de Alfabetização (ANA). Os resultados obtidos no Saeb, associados às taxas de aprovação, reprovação e abandono recolhidas por meio do Censo Escolar, compõem o Índice de Desenvolvimento da Educação Básica (Ideb). São avaliados estudantes do 2º, 5º e 9º anos do ensino fundamental e estudantes da 3ª série do ensino médio, de modo censitário para escolas da rede pública e amostral para as da rede privada.

O *Programme for International Student Assessment* (Pisa)[1] é um estudo comparativo internacional. Realizado pela Organização para a Cooperação e Desenvolvimento Econômico (OCDE) a cada três anos, são testados estudantes de 15 anos de todo o mundo em leitura, matemática e ciências. O Instituto Nacional de Estudos e Pesquisas Educacionais Anísio Teixeira (Inep) é o órgão responsável pelo planejamento e pela operacionalização da avaliação no Brasil, e os resultados alcançados por cada país podem ser analisados em comparação com os demais. O Brasil participa do Pisa desde sua primeira edição, no ano de 2000.

Em junho de 2019, o Ministério da Educação (MEC) anunciou a adesão do Brasil a outro exame internacional chamado *Progress in International Reading Literacy Study* (PIRLS), com o objetivo de avaliar, a cada cinco anos, a capacidade de leitura e compreensão de textos de estudantes do 4º ano do ensino fundamental. Realizado pela *International Association for the Evaluation of Educational Achievement* (IEA),[2] a primeira aplicação do PIRLS ocorreu entre novembro e dezembro de 2021.

Também conduzido pela IEA, o *Trends in International Mathematics and Science Study* (TIMSS) foi aplicado pela primeira vez em 1995, produzindo dados sobre o desempenho global dos estudantes das então 4ª e 8ª séries em Matemática e Ciências. A capacidade cognitiva medida por testes internacionais, como o Pisa, o TIMSS e o PIRLS, é uma das variáveis que compõem o indicador do *ranking* que compara resultados de provas de matemática, ciência e leitura. Outra variável diz respeito ao sucesso escolar, analisado a partir de índices de alfabetização e aprovação escolar. Influenciam, portanto, no lugar ocupado pelo Brasil nessas classificações.

Freitas *et al.* (2009, p. 47) defendem que, quando conduzidas com metodologia adequada, as avaliações de sistema "podem trazer importantes informações sobre o desempenho dos alunos, dados sobre os professores, condições de trabalho e funcionamento das escolas de uma rede". Ressaltam, porém, que "explicar o desempenho de uma escola implica ter alguma familiaridade e proximidade com o seu dia a dia, o que não é possível para os sistemas de avaliação em larga escala realizados pela federação ou pelos estados, distantes da escola" (*ibidem*, p. 66).

Os resultados da avaliação devem, segundo Freitas (1995), permitir informar aos sujeitos envolvidos as condições reais de um dado momento e, assim, confrontá-las com o momento final idealizado. Compõe-se, desse modo, o par dialético objetivo/avaliação que, articulado ao par conteúdo/método, permite que o trabalho pedagógico seja organizado com base na natureza dinâmica e contraditória dessas categorias, abandonando, assim, a forma linear como têm sido concebidos os processos pedagógicos, situando a avaliação em momentos isolados e finais. É essa a dinâmica que possibilita revisar e reorientar percursos escolares rumo à conquista permanente de novas aprendizagens.

Comprometer-se com um processo avaliativo formativo implica dinamicidade de ações, requer diagnósticos constantes e sistemáticos que possibilitem lançar luz sobre a realidade e indicar rumos ao fortalecimento e/ou redirecionamento de percursos, sempre que necessário. A avaliação cumpre, assim, seu papel humanitário de solidarizar-se com as diferentes condições de existência, compreendendo cada indivíduo em sua singularidade, com sua história, seus receios, suas ambições e frustrações. Os

---

1. Em português, Programa Internacional de Avaliação de Estudantes.
2. Cooperativa internacional de instituições nacionais de pesquisa, acadêmicos e analistas que trabalham para avaliar, entender e melhorar a educação em todo o mundo.

sujeitos e suas condições reais – e não ideais – são o ponto de partida para um processo formativo que os habilite a interpretar e atuar no mundo.

Avaliar, não se restringe, portanto, ao

> dado do desempenho do aluno ou do professor coletado em um teste ou questionário e seus fatores associados. É preciso que o dado seja 'reconhecido' como 'pertencendo' à escola. Medir propicia um dado, mas medir não é avaliar. Avaliar é pensar sobre o dado com vistas ao futuro. Isso implica a existência de um processo interno de reflexão nas escolas – que chamamos avaliação institucional. (Freitas *et al.* 2009, p. 48)

Concebida como ponto de mediação entre a avaliação realizada pelo professor em sala de aula e os exames externos, a avaliação do trabalho escolar realizada por todos os que, de algum modo, se envolvem nesse processo, possibilita que a análise e a responsabilidade pelo desempenho dos estudantes e de toda a escola seja do coletivo, assegurando a responsabilização de todos (Freitas *et al.* 2009).

Tomando como referência o projeto político-pedagógico, devem ser, nesse espaço, analisadas todas as instâncias que compõem a organização do trabalho escolar e propostas ações que estejam a serviço das aprendizagens dos estudantes e de todos os envolvidos nesse processo. Os resultados gerados por meio dos exames externos compõem esse cenário e tendem a ser melhorados, se analisados em articulação com as demais informações sobre as condições de aprendizagem dos estudantes e sobre o contexto em que estas se apresentam. O movimento é dialético: ao contribuir para vislumbrar caminhos que possam melhorar a qualidade do ensino oferecido e para o progresso de todos, os índices alcançados nos exames externos contribuem também para sua própria melhoria.

Referências bibliográficas

ARAÚJO, I.A. de (2000). "Educação continuada na escola: Traços, trilhas e rumos da coordenação pedagógica". Dissertação de mestrado. Brasília: UnB.

ARAÚJO, I.A. de; CAVALCANTE, L. de S. e COUTINHO, M.S. (2010). *Prova Brasil e Ideb: Implicações das avaliações externas na organização do trabalho pedagógico das escolas do Ensino Fundamental.* III Congresso Internacional Cotidiano – Diálogos sobre diálogos. Ago. [Disponível na internet: http://gepact-febfuerj.blogspot.com.br/2010/07/prova-brasil-e-ideb-implicacoes-das.html, acesso em 24/4/2018.]

BARRIGA, A.D. (2001). "Uma polêmica em relação ao exame". *In:* ESTEBAN, M.T. (org.). *Avaliação: Uma prática em busca de novos sentidos.* Rio de Janeiro: DP&A.

_____ (2015). "Las pruebas a gran escala en la educación. ¿Um problema pedagógico o un tema de gestión de la educación?". *In*: GARCIA, R.L.; ESTEBAN, M.T. e SERPA, A. (orgs.). *Saberes e cotidianos em diálogo.* Petrópolis: De Petrus; Rio de Janeiro: Faperj.

BLASIS, E. de e GUEDES, P.M. (orgs.) (2013). *Avaliação e aprendizagem: Avaliações externas: Perspectivas para a ação.* São Paulo: Cenpec.

ESTEBAN, M.T. (2002). *O que sabe quem erra? Reflexões sobre avaliação e fracasso escolar.* Rio de Janeiro: DP&A.

FREITAS, L.C. de (1991). "A dialética da eliminação no processo seletivo". *Educação e Sociedade*, v. 12, n. 39. Campinas, pp. 265-285.

_____ (1995). *Crítica da organização do trabalho pedagógico e da didática*. Campinas: Papirus.

_____ *et al.* (2009). *Avaliação educacional: Caminhando pela contramão*. Petrópolis: Vozes.

HADJI, C. (2001). *Avaliação desmistificada*. Porto Alegre: Artmed.

HOFFMANN, J. (2005). *Pontos e contrapontos: Do pensar ao agir em avaliação*. Porto Alegre: Mediação.

LUCKESI, C.C. (2011). *Avaliação da aprendizagem: Componente do ato pedagógico*. São Paulo: Cortez.

RAVITCH, D. (2011). *Vida e morte do grande sistema escolar americano: Como os testes padronizados e o modelo de mercado ameaçam a educação*. Porto Alegre: Sulina.

SORDI, M.R.L. de (2010). *Por uma aprendizagem "maiúscula" da avaliação da aprendizagem*. XV Endipe. Belo Horizonte: Autêntica. (Coleção Didática e Prática de Ensino)

VILLAS BOAS, B.M. de F. (1993). "As práticas avaliativas e a organização do trabalho pedagógico". Tese de doutorado do Programa de Pós-graduação em Educação. Campinas: Faculdade de Educação/Universidade Estadual de Campinas.

_____ (2008). *Virando a escola pelo avesso por meio da avaliação*. Campinas: Papirus.

3
ENTRELAÇANDO A AVALIAÇÃO PARA AS APRENDIZAGENS, A AVALIAÇÃO INSTITUCIONAL E A AVALIAÇÃO DE SISTEMA POR MEIO DO PORTFÓLIO

Benigna Villas Boas

O portfólio construído pelo estudante para que ele e os professores acompanhem seu progresso é bastante conhecido e tem sido amplamente utilizado. Contudo, o portfólio pode mais do que isso. Propomos, neste capítulo, ampliar suas possibilidades, dando-lhe um formato diferente e ousado, com o objetivo de integrar os três níveis da avaliação na escola: a avaliação para as aprendizagens, realizada sob a responsabilidade do professor, a avaliação institucional e a avaliação de sistema ou em larga escala, conferindo à avaliação institucional o papel de mediadora desse processo. Isso se justifica, porque compartilhamos o entendimento de Freitas *et al.* (2009, p. 66), segundo os quais esse nível recebe as informações advindas da avaliação realizada em sala de aula, assim como os resultados da avaliação externa, os analisa e os remete aos professores, a quem cabe reorganizar o trabalho com base neles. Ela é, portanto, o centro do processo avaliativo escolar.

Como a escola promove aprendizagens e também aprende, seu trabalho é avaliado por ela própria, isto é, por todos os que a compõem. É o que denominamos avaliação institucional ou avaliação do trabalho pedagógico da escola por ela própria (autoavaliação), desenvolvida há algum tempo pelas universidades e que ainda engatinha nas escolas de educação básica. Pelo menos duas razões podem explicar esse fato: a avaliação para as aprendizagens sempre foi tão poderosa e autoritária que ocupou todo o espaço; falta interesse às escolas para mexer em suas estruturas, o que talvez signifique recusa em aceitar o envolvimento dos pais/responsáveis e dos estudantes. Essas instituições realizam em parte essa avaliação, mas não ainda de forma fundamentada, sistematizada e consequente. Costumam promover encontros em que se avaliam algumas de suas atividades, mas não fazem disso um processo avaliativo permanente de seu trabalho nem registram seus resultados e encaminhamentos. Realizam conselhos de classe, reuniões com pais e professores, atividades de formação continuada sem, entretanto, articular essas ações a um processo avaliativo. Em alguns casos, a programação para esse tipo de avaliação é padronizada para todo um sistema educacional, o que retira da escola seu poder de organizar as ações que atendam a suas necessidades e até mesmo o prazer que isso pode proporcionar. Outro problema percebido é inserir no calendário escolar do sistema de ensino os dias em que essa avaliação ocorrerá, como se todas as escolas fossem iguais. Em alguns casos, esses dias são denominados temáticos, mas sem uma justificativa aceitável.

Como as ações avaliativas nem sempre são articuladas, não se ancoram em uma firme concepção de avaliação. Às vezes, a função avaliativa adotada no trabalho com os estudantes é a formativa, mas não se estende a toda a escola.

Conversando com a gestora de uma escola de educação básica, interessada em desenvolver adequadamente a avaliação institucional, compusemos com ela uma possibilidade para essa atividade. Como parte de seu projeto político-pedagógico, a instituição constituiria um grupo para coordenar o que denominaria "avaliação interna da escola", formado por um representante da equipe gestora, um coordenador pedagógico, um pai/mãe/responsável, um estudante, um orientador educacional, a(o) pedagoga(o), um profissional administrativo e o porteiro – por ser a primeira pessoa que entra em contato com cada um que adentra a escola, diariamente, e conhecer quase todos. O grupo escolheria seu coordenador a cada ano. A presente proposta incluiria dois componentes inéditos: em cada atividade da escola, pelo menos um dos integrantes do grupo estaria presente para acompanhar e relatar suas percepções aos companheiros. Em algumas delas, todos compareceriam, como em reuniões de pais/responsáveis. O conselho de classe seria considerado um dos momentos mais importantes.

O outro componente também não é usual: a entrada nas salas de aula de um dos integrantes do grupo, a qualquer momento, para acompanhar as atividades. No início, seriam permanências rápidas, até que estudantes e professores se acostumassem e percebessem que o intuito não seria o de "fiscalização". Para isso, seria necessária a preparação do grupo sobre aspectos fundamentais da avaliação, começando pela compreensão de sua função formativa. A gestora considerou a proposta inovadora e necessária, mas ponderou que não apenas o grupo coordenador, mas também toda a escola teria de se fundamentar muito bem, pois uma nova postura avaliativa entraria em cena. Realmente, a escola precisaria rever seu jeito de trabalhar e avaliar. O que estaria em jogo seria a avaliação da qualidade do trabalho da escola.

Indagamos da gestora se consideraria pertinente a proposta de construção do portfólio do processo avaliativo da escola. Conversamos sobre suas possibilidades e seus benefícios. Ela afirmou que seria interessante, mas que necessitaria de muito apoio para tal empreitada. Acrescentou: "A gente é tão cobrada pelo sistema de ensino que não sobra muito tempo para investir em inovações. Acaba fazendo sempre o mesmo. Eu bem que gostaria". Deixamos aqui a ideia para que seja contextualizada e aprimorada.

Sordi (2009, p. 38) nos apoia na formulação de propostas de avaliação da escola por ela mesma. A autora considera que a avaliação da escola e da qualidade de seu trabalho é uma questão imperativa, mas precisa ser negociada com seus atores, para que os dados obtidos lhes façam sentido. Essa negociação exige criatividade e sensibilidade por parte de quem está coordenando o processo e de todos os envolvidos. Atitudes defensivas podem ocorrer, o que é natural. Afinal de contas, a avaliação abala comportamentos cristalizados. É necessário paciência. Contudo, "trata-se de enfrentar o problema de forma rigorosa e radical" (*ibidem*).

Essa forma de compreender e praticar a avaliação institucional se irradia por todo o processo avaliativo desenvolvido na escola: nas salas de aula e em todos os ambientes e atividades, mesmo as de cunho administrativo. É necessário que haja coerência teórica e de ações. Se a avaliação em sala de aula é formativa, seus princípios nortearão também a avaliação interna da escola, para que todos os sujeitos (estudantes, professores, pais, gestores, coordenadores e profissionais administrativos) atuem em harmonia. Todos os que ali atuam, em todos os seus setores, aprendem continuamente. Para que a sala de aula seja dinâmica, criativa e sintonizada com o que acontece de melhor no mundo, toda a escola tem que ser assim. Trabalho de qualidade exige a contribuição da avaliação, sua grande impulsionadora. Se a escola não tem evidências de seus avanços e de seus tropeços, navegará sem rumo, alerta Sordi (2009, p. 39). Como "admitir que um espaço educativo possa manter-se vivo e pulsante se não for pensado e repensado sistematicamente?" (*ibidem*, p. 38). "Quem deverá participar desse processo?", indaga Sordi (*ibidem*). Todos os atores da escola: porteiros, pessoal de limpeza, administrativo, da merenda, bibliotecário, secretário, gestores, coordenadores, professores, familiares, estudantes e outros.

Sordi (*ibidem*) ainda faz outra provocação: "Como potencializar os espaços coletivos já existentes na escola para que venham servir para outros fins que não os da burocracia?". Conforme afirmamos anteriormente, a escola vem fazendo, de forma fragmentada, um arremedo de avaliação institucional. Como vimos, os espaços existem. O portfólio poderá ser o recurso articulador, dinamizador e impulsionador da avaliação institucional. Poderá dar ânimo ao grupo para construir o processo que lhe convém, a fim de prestar contas de seu grandioso trabalho à comunidade. Mais uma recomendação de Sordi (*ibidem*, p. 39): o desafio da avaliação institucional é desenvolver trabalho participativo que evidencie os dados da realidade, de maneira complementar e não competitiva. Vale a pena esclarecer dois aspectos apontados pela autora: trabalho participativo é participativo mesmo e não informativo, como geralmente ocorre; os resultados do processo avaliativo referem-se unicamente à realidade da escola, não devendo ser tratados competitivamente.

Assim praticada a avaliação institucional, com a participação da comunidade, a escola torna-se fortalecida e amparada em seu trabalho. O processo coletivo permite amadurecimento das ideias e do grupo porque todos se manifestam em condições de igualdade (*ibidem*, p. 40). Contudo, como registrar esse processo que ocorre durante todo o ano e do qual fazem parte tantos atores? Estamos tratando de um processo, e não de ações isoladas. Por meio de simples relatórios, soltos, sem conexão uns com os outros? Organizados como? Ficam armazenados nas prateleiras e nas gavetas, inviabilizando seu manuseio? Informações provenientes de avaliação devem ficar ao alcance de todos os interessados. Propomos, então, a construção do portfólio do processo avaliativo da escola, do qual façam parte a avaliação para as aprendizagens, a institucional e a em larga escala, lembrando que as duas primeiras se relacionam e a última apenas envia seus dados para as duas primeiras (Freitas *et al.* 2009, p. 66).

Discorremos até agora sobre os dois primeiros níveis apontados anteriormente, por estarem presentes na escola durante todo o ano letivo. Entretanto, há outro com o qual as escolas, de modo geral, ainda não conseguem lidar: a avaliação externa ou em larga escala. Talvez sintam dificuldade de incorporá-la por não terem ingerência sobre ela, por ser uma avaliação organizada pelo sistema de ensino em nível nacional, estadual, municipal ou local. É uma avaliação externa às escolas porque elas não participam da tomada de decisões sobre sua organização e sua aplicação. Recebem as provas, aplicam-nas, corrigem-nas, em alguns casos, como a Provinha Brasil, e devolvem-nas. Geralmente, seus resultados lhes são devolvidos.

Até agora as escolas pouco têm se envolvido com a avaliação externa porque ainda não sabem tirar proveito de seus resultados e não se veem neles representadas. Geralmente, eles são devolvidos aos órgãos gestores centrais que os utilizam para fins diversos, entre os quais ranquear as escolas, promovendo a competitividade entre elas e/ou estudantes, e pensar políticas públicas. Um portfólio do processo avaliativo da escola que integre os três níveis pode mudar esse quadro.

Entremos, então, no mérito do portfólio. O que é construído pelo estudante para que ele e os professores acompanhem e avaliem suas aprendizagens se imbui de vários benefícios, entre os quais ressaltamos:

- É construído pelo próprio estudante enquanto as aprendizagens ocorrem sob a orientação do professor.

- Apresenta informações sobre as aprendizagens de forma mais completa do que outros recursos avaliativos. O estudante fica livre para relatar, justificar, expor opiniões e impressões, complementar etc.

- Descortina todo o processo de aprendizagem de determinado período ou componente curricular.

- O próprio estudante seleciona as atividades a serem inseridas, o que já é uma avaliação. Todas podem ser incluídas, dependendo do tempo disponível para a construção.

- Inclui provas, se utilizadas.

- Propicia o diálogo entre professor e estudante, porque o primeiro analisa as produções inseridas, comenta e faz recomendações. O estudante acrescenta o que for necessário.

- Aproxima pais/responsáveis e escola. Pelo fato de retratar todo o processo de aprendizagem, os pais têm em mãos um "álbum" que reflete a trajetória escolar do filho.

- É um forte aliado da avaliação formativa. Como os avanços e as fragilidades são registrados é mais fácil para o estudante situar-se em sua aprendizagem. Outros procedimentos/instrumentos costumam ser guardados soltos, engavetados ou descartados. O portfólio mantém-se presente, podendo permanecer por longo tempo.

- Por meio dele, o estudante faz uma autoavaliação constante; exercita seu próprio julgamento, iniciativa e autoridade (Murphy 1997, p. 73; trad. nossa).

- Convida o estudante (e os avaliadores) a observar como seu desempenho varia em diferentes momentos, como as estratégias podem ser adaptadas a diferentes situações e como a escrita muda dependendo do tema, do propósito e de a quem ele (o portfólio) é endereçado (*ibidem*, p. 81; trad. nossa).

- Torna o estudante um aprendiz independente.

Além desses benefícios, há outro que se destaca: o estudante não apenas coloca em uma pasta suas produções ou as encaderna. Isso seria banalizar um procedimento com tão grandes possibilidades. Para cada situação, é criado um portfólio que lhe seja adequado. Cada estudante ou grupos o organizam, fazendo uso da autonomia conquistada. Na educação infantil, o portfólio não será nos mesmos moldes daquele construído por estudantes de outras etapas. Na educação superior, ele se valerá de recursos mais avançados, e os estudantes terão mais autonomia. Levando-se em conta tudo isso, desde o ensino fundamental, uma grande contribuição desse procedimento é colocar o estudante em contato com a escrita. O estudante não apenas insere informações, mas também as analisa, justifica suas escolhas, propõe encaminhamentos e se avalia por escrito. É o que tem faltado em muitas situações: ler e escrever.

Informações mais detalhadas sobre o portfólio construído por estudantes podem ser obtidas em Villas Boas (2004) e Ambrósio (2013).

Esse é o portfólio do estudante, uma rica coletânea de suas produções comentada, documentada, fotografada e avaliada por ele, seus colegas e professores. É um verdadeiro álbum que retrata suas aprendizagens, podendo ser analisado por ele próprio, por sua família e pela escola. Lembrete importante: pertence ao estudante. Não fica sob o poder da escola ou de um professor.

Nos mesmos moldes, com algumas variações, a escola constrói o portfólio de seu processo avaliativo, dando destaque à avaliação institucional por ser a grande mediadora de todas as ações avaliativas, como ensinam Freitas *et al.* (2009, p. 45). O portfólio, assim concebido, traz várias contribuições, entre as quais destacamos:

- Documenta todo o processo, organiza as informações, permitindo seu acompanhamento e a consulta aos registros, democratizando o acesso a elas.
- Facilita a integração dos três níveis da avaliação e o desenvolvimento da ação mediadora da avaliação institucional que, finalmente, se impõe. Metas são traçadas. Demandas são formuladas, dizem-nos Freitas *et al.* (*ibidem*).
- Cria condições para a construção da cultura de avaliação formativa na escola, dado o envolvimento de todos seus atores. Todas as atividades avaliativas se ancoram nessa concepção.
- Desnuda a necessidade de a avaliação, em seus três níveis, ser compreendida como responsabilidade de todos.
- Ganha visibilidade.
- Aproxima todos os participantes da comunidade escolar e torna o processo compreensível.
- Permite a continuidade dos trabalhos da escola de um ano a outro e de uma gestão a outra.
- Retrata com nitidez os avanços e as fragilidades do trabalho escolar a fim de que se vislumbrem novas ações.
- Cria os meios para que a avaliação cumpra seu papel de norteadora do trabalho escolar comprometido com a qualidade social.
- Facilita a integração de novos profissionais ao trabalho escolar.

Seria salutar incentivar os pais/responsáveis a escreverem suas impressões sobre o processo avaliativo da escola e oferecerem sugestões para seu aprimoramento, como uma das formas de participarem da construção do portfólio. A avaliação deixaria de ser um tema de responsabilidade exclusiva dos professores em sala de aula e ganharia adeptos bem informados.

Resumindo: a palavra-chave do portfólio do estudante é autonomia, e a palavra-chave do portfólio da escola é transparência.

Complicado? Não. É um trabalho feito ao longo do ano por uma grande equipe. Uma das possibilidades é a construção desse portfólio em forma de painéis afixados em um local apropriado da escola, propiciando sua visualização por todos. Os registros podem ser organizados por temas para facilitar o acompanhamento do trabalho. Concluídos, são afixados no painel. Podem ser: projetos e sua sistemática de avaliação, avaliações diversas, relatórios, comentários, sugestões, fotos, atas de reuniões, planos de trabalho, decisões do conselho de classe, agendas em que conste a avaliação, análises dos resultados das avaliações externas (sem nomes e sem ranqueamento) etc. É importante ressaltar: no portfólio, não são registradas notas, classificações, informações que possam constranger, desmerecer ou tirar a privacidade de ninguém. Seria até conveniente que se formulasse um código de ética para o portfólio.

Referências bibliográficas

AMBRÓSIO, M. (2013). *O uso do portfólio no ensino superior*. Petrópolis: Vozes.

FREITAS, L.C. de *et al.* (2009). *Avaliação educacional: Caminhando pela contramão*. Petrópolis: Vozes.

MURPHY, S. (1997). *"Teachers and students: Reclaiming assessment via portfolios"*. *In*: YANCEY, K.B. e WEISER, I. (orgs.). *Situating portfolios: Four perspectives*. Logan: Utah State University Press, pp. 72-88.

SORDI, M.R.L. de (2009). "A complexidade das relações sociais na escola: Problematizando as resistências ao processo de avaliação institucional". *In*: SORDI, M.R.L. de e SOUZA, E. da S. (orgs.). *A avaliação institucional como instância mediadora da qualidade da escola pública: A rede municipal de Campinas como espaço de aprendizagem*. Campinas: Millennium.

VILLAS BOAS, B. (2004). *Portfólio, avaliação e trabalho pedagógico*. Campinas: Papirus.

4
O QUE A ESCOLA PODE FAZER COM OS RESULTADOS DOS TESTES EXTERNOS?

Claudia de O. Fernandes

Para responder a essa pergunta, é preciso considerar algumas questões que, mais do que respostas, trarão novas indagações. Apresentarei neste texto pelo menos três delas que me parecem importantes para o debate da escola e na escola sobre a avaliação externa.

A primeira: é preciso situar algumas dimensões da avaliação escolar e suas diferentes finalidades.

Quando pensamos em avaliação escolar, ou seja, avaliação na escola, temos duas dimensões importantes: a avaliação institucional e a avaliação das aprendizagens. Quando pensamos no sistema escolar, e não somente na escola, temos a terceira dimensão, a da avaliação externa, cujo nome já denota que não é uma avaliação *da* escola, mas *sobre* a escola, preposição que fará toda a diferença na argumentação que pretendo tecer no texto.

Pensando nas dimensões avaliativas da escola, a avaliação institucional tem por função acompanhar o trabalho realizado na instituição, avaliar os objetivos traçados em seu projeto político-pedagógico, bem como seus planos anuais, quando existem. Dedica-se ao acompanhamento e à avaliação dos trabalhos das equipes, das relações da escola com a comunidade, de questões pedagógicas, mas também de questões administrativas que não deveriam ser descoladas das necessidades pedagógicas. Nessa dimensão, como em todas as outras, a avaliação tem sua relação estreita com o planejamento e o replanejamento das ações previstas. Na avaliação institucional, o protagonismo é do coletivo, da comunidade escolar, envolvendo os profissionais que ali trabalham, estudantes, pais e responsáveis.

A segunda dimensão avaliativa está intimamente relacionada ao papel social da escola, ou seja, sua função principal: espaço de aprendizagens, de circulação de diferentes culturas. Para que vamos à escola? Para assimilar muitos e diferentes conhecimentos, para aprender a viver em grupo e coletivamente, para ver o mundo que nos cerca com um olhar mais crítico, mais reflexivo. Pois bem, esse papel social que tem a escola está diretamente relacionado à avaliação *das* aprendizagens e *para* as aprendizagens – uma dimensão de avaliação que concorre para que as aprendizagens aconteçam. Se for assim, a avaliação na sala de aula, de acordo com os processos de ensino e aprendizagem, deveria comprometer-se com aquela variedade de saberes e conhecimentos de diferentes culturas que circulam no espaço escolar. Entretanto, nosso modelo de avaliação de aprendizagem foi fortemente influenciado por uma perspectiva de conhecimento que não é construído, mas transmitido por etapas (séries), seguindo um modelo de organização da escolaridade que teve suas bases epistemológicas na modernidade, no modelo iluminista da escola como o lugar da razão, da verdade absoluta, da ciência moderna, de uma única forma de ver o mundo: a visão ocidental.

A organização escolar foi, portanto, planejada de forma homogênea para crianças e jovens que deveriam pensar da mesma maneira, aprender do mesmo jeito. As classes simultâneas, seriadas, de recitação (Hamilton 1992) foram alguns nomes que essa escola, fruto da modernidade, recebeu. A tecnologia avançada da época, que se traduzia em colocar muitas crianças e jovens agrupados num mesmo salão com um quadro de giz na frente, onde o professor poderia escrever as lições, ainda permanece muito forte em nossas salas de aula. Sendo assim, a avaliação das aprendizagens torna-se avaliação de desempenho, uma medida para examinar o quanto daquele conhecimento dado por etapas foi assimilado pelos estudantes. O planejamento dos professores fica balizado pelos programas e pelas etapas ou séries previamente instituídas no plano curricular. As provas e os exames seguem esse planejamento prévio. O tempo para o planejamento das atividades e dos exames torna-se uma variável independente dos processos de aprendizagem. O que os jovens e as crianças estão aprendendo, em que tempo, de que forma e com qual interesse ficam em segundo plano, ou em nenhum, na maioria das vezes. O que importa é a nota como resultado/coroação dos esforços e o quanto o estudante sabe *recitar* aquilo que lhe foi transmitido.

Esse modelo de avaliação como medida, coerente com a gênese de nossa Escola Moderna, ainda tão forte e incorporado à cultura escolar – considerando cultura rituais, hábitos, conjunto de valores e crenças que nos formam e que legitimam nossas ações –, existe porque o conhecimento é compreendido como neutro, asséptico, linear. No entanto, a aprendizagem está em outra categoria e segue outra lógica. Aprendizagem implica tempo diferenciado, interesses diversos, motivação, heterogeneidade, verdades provisórias, construção, circularidade, razão e emoção. A dinâmica das aprendizagens é plural. Os processos pelos quais os sujeitos aprendem são infinitos, quase impossíveis de serem captados por instrumentos e procedimentos de avaliação julgados como objetivos e milimetricamente elaborados em suas fórmulas mirabolantes para ter um resultado fidedigno do processo.

Com isso, dizemos que avaliar as aprendizagens é, portanto, impossível? Não! Mas que avaliar tem, em primeiro lugar, um componente subjetivo, posto que é uma leitura orientada dos processos, uma possível leitura e não a única (Hadji 1994 e 2001). Avaliar as aprendizagens tem o compromisso de ser uma ação que concorra para a aprendizagem do sujeito, um acompanhamento dos processos de ensinar e aprender dos professores e estudantes e que permita que os saberes e ainda não saberes dos estudantes (Esteban 1999) sejam os promotores, os guias dos planejamentos docentes.

Alguns autores tomam o termo "avaliação formativa" para conceituá-la como avaliação das aprendizagens (Fernandes 2014a; Fernandes e Freitas 2007; Villas Boas 2004; Perrenoud 1999); outros tentam ressignificar o termo como formativa alternativa (Fernandes 2009) ou formativa reguladora (Silva 2012). Outros autores trabalham com avaliação mediadora (Hoffmann 1998) ou investigativa (Esteban 1999). Considerando-se as devidas diferenças entre os autores e suas perspectivas teóricas, o que temos em comum é a compreensão de que a avaliação não é medida nem sinônimo de exame; portanto, não deveria classificar os estudantes ao longo do processo de aprendizagem, nem excluí-los. Avaliação teria um cunho de formação, de orientadora dos processos e não de verificação de resultados, que, distanciada do caminho de aprender, ao final dele, resultaria em um produto.

E, finalmente, há ainda a terceira dimensão que é a avaliação do sistema escolar ou do conjunto das escolas de uma rede escolar, compreendida como avaliação externa, cuja responsabilidade principal é do poder público. Sua finalidade é gerir o sistema, fornecer dados para que possam ser traçadas e planejadas políticas públicas para a educação. Essa dimensão se vem realizando quase que exclusivamente e, com grande ênfase, a partir de testes e exames de larga escala, a fim de verificar a proficiência dos estudantes em dadas áreas do conhecimento. Entretanto, outros instrumentos são importantes para que a avaliação do sistema escolar cumpra sua finalidade: questionários e/ou observações *in loco* para as escolas responderem acerca de seus objetivos planejados em seus projetos político-pedagógicos; também questionários e observações *in loco* nas secretarias de educação sobre suas políticas e metas implementadas, se estão acontecendo, se as verbas estão sendo utilizadas corretamente. Essas ações, em conjunto com as análises de indicadores importantes relativos ao fluxo escolar – como evasão, repetência, promoção –, compõem o que podemos entender por uma avaliação externa.

Essas três dimensões de avaliação não são isoladas e necessitam estar em regime de trocas permanentes. Entretanto, é importante que tenhamos clareza de suas diferentes finalidades.

O segundo ponto que ousaria elencar para problematizar a pergunta que dá título ao texto é relativa ao que entendemos sobre qualidade em educação. A relação entre qualidade e avaliação é muito estreita, visto que é o resultado da avaliação que informa sobre como está o processo de ensino e aprendizagem: as crianças e os jovens estão aprendendo? O quê? Como? A escola está cumprindo seu papel? Os professores estão ensinando? Os gestores das secretarias de educação estão fazendo o sistema escolar funcionar de maneira eficaz e eficiente?

Qualidade em educação é termo polissêmico, depende de nossa visão do que seja uma boa educação, fortemente atrelada a nossa expectativa sobre qual mundo desejamos a partir de qual projeto educativo. Daí a educação ser uma instituição social importante para as bases de um projeto de nação.

É necessário problematizar a relação, tão em voga em nosso discurso educacional contemporâneo, entre a avaliação e uma educação escolar de maior qualidade, entendendo-se aqui qualidade como aquela que se traduz numa escola que atende a todos em suas diferenças, cumpre seu papel de ensinar, não seleciona os melhores, não classifica nem exclui e atende aos direitos constitucionais.

Em pesquisa realizada por Fernandes e Nazareth (2011), observamos que o conceito de qualidade, polissêmico, é utilizado de forma indiscriminada nos documentos de escolas, secretarias de educação e em meios de comunicação.

Argumentamos que há de se romper com uma cultura-crença da/na avaliação no sentido de que a qualidade da educação se dá a partir de uma perspectiva de avaliação meritocrática/classificatória/excludente. Não descartamos o mérito, mas não o concebemos nesse caso, acompanhado da perspectiva classificatória que tem por finalidade excluir aqueles que não obtiveram êxito; êxito esse pautado numa classificação. Essa cultura se dá no interior das escolas e fora delas quando, a partir das avaliações externas realizadas pelas redes municipais e/ou estaduais, como exemplo do que vem acontecendo agora, são feitos os famosos *rankings* ou escolas e professores são premiados. Embora no discurso educacional contemporâneo avaliações ganhem destaque pelo fato de serem fundamentais para a garantia da qualidade das escolas, o que vemos são os usos de seus resultados para outros fins.

Percebemos que a "educação de qualidade", identificada com valores como competitividade, empreendedorismo, *performance* e eficiência, é hegemônica nas mídias de massa, no senso comum. Entretanto, para seguir a linha de argumentação que venho tecendo neste texto, tomaremos o conceito de "qualidade negociada" para fins de análise e como uma alternativa mais coerente com as discussões científicas contemporâneas no campo da educação, principalmente da avaliação educacional. Ou seja, trata-se de uma qualidade de natureza negociável, processual, contextual e transformadora (Freitas 2005).

De maneira geral, a ideia de qualidade no contexto das políticas públicas educacionais tem sido tomada de forma não histórica e unívoca ao mesmo tempo, desconsiderando a compreensão de que é um fenômeno complexo historicamente produzido. Compreendemos que a ideia do que seja qualidade para uma escola deve ser formulada, negociada por toda a comunidade escolar. O que é qualidade para uma escola e seus sujeitos pode não ser para outra.

Pensar em escola de qualidade é pensar em um ideal de escola, significa refletir sobre os atributos que uma escola deve ter para cumprir sua função. Sendo assim, há uma questão que precede: qual deve ser o papel social da escola?

Geralmente, nos discursos contemporâneos, a avaliação externa aparece como redentora dos males da educação, ou seja, como garantia de qualidade. Dessa maneira, chegamos à terceira questão/ resposta: seria a avaliação externa responsável pela qualidade em educação? Como lidar com ela no interior da escola, uma vez que ela não é *da* escola, mas *sobre* a escola, tornando invisíveis os sujeitos que nela circulam, posto que é de massa, que ignora as subjetividades produzidas em seus espaços de aprendizagem e de cultura, elaborada externamente a ela, por pessoas que não pertencem àquela cultura escolar, que não compactuam dos ritos, dos rituais, dos hábitos, das crenças e dos valores?

Para esse debate, traremos alguns apontamentos de pesquisas que vêm sendo realizadas no Grupo de Estudos e Pesquisas em Avaliação e Currículo (Gepac) da Universidade Federal do Estado do Rio de Janeiro (Unirio). O objetivo é proporcionar as vozes dos professores que vêm produzindo conhecimentos outros (Santos 2007a e 2007b) acerca da avaliação externa.

Em primeiro lugar, podemos dizer que, de modo geral, os documentos oficiais, tais como as propostas político-pedagógicas das redes de ensino, concebem, em seu discurso pedagógico, uma perspectiva de avaliação da aprendizagem formativa, investigativa, processual e continuada, o que não poderia ser diferente. Nenhuma promessa pedagógica seria de uma avaliação excludente, em que jovens e crianças fossem classificados em bons ou ruins, enquadrando-se nas formas da Escola Moderna, a ponto de serem excluídos do sistema ou ficarem à margem dele. Entretanto, essa perspectiva seletiva e classificatória, premiadora no que se refere à avaliação externa de desempenho na rede, se explicita nas portarias e nos decretos das secretarias de educação que chegam às escolas para serem cumpridos.

Mesmo se considerando que as duas dimensões da avaliação, a da aprendizagem e a externa, tenham funções distintas para a educação escolar e possam chegar a uma série de procedimentos comuns ou complementares no processo de sua reapropriação pelas escolas e pelos professores, partem de matrizes teóricas que não se conciliam, suscitando muitos questionamentos entre os docentes. Além disso, os professores que convivem em seu cotidiano de trabalho, seja na sala de aula, seja na escola, com as implicações que a introdução do modelo de avaliação externa vem causando, dada sua forte ênfase na função reguladora do aparato governamental, têm-se defrontado também nos espaços de formação inicial ou continuada com novas propostas metodológicas que ensejam outras práticas avaliativas de caráter mais formativo. Essa dualidade presente em relação à avaliação das aprendizagens tem feito com que os professores passem, no cotidiano escolar, por conflitos epistemológicos importantes que deveriam servir para profundas reflexões acerca da escola e seu papel.

O modelo da avaliação externa realizado com base em exames padronizados encontra ressonância no modelo de Escola Moderna tão forte entre nós: um currículo organizado por etapas, materializado – muitas vezes – em apostilas que ajudarão na realização dos testes que se dão regularmente em bimestres ou trimestres, independentemente das aprendizagens realizadas. Os professores *correm* para cumprir os pontos dos programas ou, para atualizar nossa fala, *correm* para cobrir os descritores dos testes. Os descritores que dizem sobre os conteúdos que devem ser *aprendidos* naquele tempo pelos estudantes têm tomado o lugar do currículo, que passa a ser entendido como sinônimo de programação ou lista de conteúdos, lista de descritores.

Em pesquisas de Fernandes (2012 e 2014b), Nazareth (2014), Calzavara (2011) e Oliveira (2015), os professores relatam a incoerência entre os discursos e as práticas de avaliação das aprendizagens dos estudantes. Apontam a redução do currículo aos descritores dos exames; revelam como as questões pedagógicas se transformam em questões técnicas; denunciam questões éticas precárias nas relações pessoais e profissionais no espaço educacional com as políticas de avaliação externa, conjugadas a premiação e bônus de professores e estudantes.

Em relação à redução do currículo, observamos um maior investimento dos professores nos desempenhos e não nas aprendizagens dos estudantes. Trazemos a fala de duas professoras de escolas municipais distintas, uma de 9º ano e outra de 2º ano do ensino fundamental.

A professora do 9º ano diz em entrevista:

> Eu tenho que dar de cara a apostila porque... porque eles vão fazer a prova baseada na apostila. Aí eu preparei toda uma aula, trouxe coisas da internet, coisas que eu trouxe pra eles e não fiz. Isso é muito frustrante, eu gostaria de ter mais autonomia pra fazer esse tipo de coisa. Seria falta de ética para mim não preparar os alunos para fazer a prova; então, eu consigo preparar os meus alunos para fazer a prova porque eles têm o direito de fazer a prova com conhecimento para fazê-la.

A redução daquilo que vai ser ensinado está estampada na declaração da professora. Sua frustração por não poder ir além, por não ter autonomia nos interpela sobre a vontade da professora de ser de fato professora, e não uma mera aplicadora de testes. O que é ser professor? Qual é o seu papel social?

"Hoje nós estamos treinando para a prova; então, eu não posso ajudar vocês, porque no dia da prova eu não vou poder ajudá-los" – essa fala da professora do 2º ano é portadora de duas questões importantes: uma, preocupante; outra, reveladora de outro conhecimento. A preocupante é que temos tido a prevalência do treino e que esse treino é feito a partir de conhecimentos mínimos, necessários para fazer a prova. Entretanto, ao ser interpelada sobre essa fala para as crianças, a professora responde que, embora não concorde com o teste, ela não poderia deixar que seus alunos não soubessem realizá-lo. O que essa argumentação da professora nos revela e que está invisibilizado? Que conhecimento outro é esse? Entre as múltiplas possibilidades de análise, uma delas é compreender que, no espaço da sala de aula, nesse espaço de aprendizagem, a autoestima é fator fundamental para a formação das crianças. A preocupação da professora em não deixar os alunos sem saber realizar o teste é legítima e cumpre outra função para além daquele instrumento de avaliação.

No que se refere à redução das questões pedagógicas a questões puramente técnicas e também à banalização da ética nas relações entre os sujeitos da escola e nas implicações para as aprendizagens, temos observado inúmeras situações conflitantes.

Sobre o assunto, a pesquisa de Oliveira (2015, p. 49) traz alguns depoimentos reveladores:

Estou conseguindo eliminar as avaliações externas da minha avaliação dos alunos, mas ao mesmo tempo eu percebo que isso está gerando mais atrito, por exemplo, em relação à direção da escola. Neste bimestre, fui questionada por que não usei a avaliação externa; isso porque são esses valores que são avaliados para saber se a escola está tendo bom desempenho. Um dos quesitos é este, as crianças irem bem nas provas. (Professora de português do 9º ano de uma escola municipal)

A gente sempre ouve uma coisa aqui, uma coisa ali. Tem uma piadinha, tem sempre uma pressão até em tom de cobrança de um ou outro colega porque a gente sabe que matemática e português estão no foco do Ideb. Então, eu, por lecionar matemática, acabo recebendo um puxão de orelhas daqui, um puxão de orelhas dali; uma insinuação daqui, uma insinuação dali. Porque esse prêmio que a gente recebe para melhorar o desempenho acaba modificando um pouco o pensamento das pessoas. (Professor de matemática de uma turma de 8º ano da mesma escola municipal)

As falas/os depoimentos revelam, por um lado, as tensões e os conflitos cotidianos gerados na escola, a falta de autonomia do docente para fazer aquilo que pensa ser o mais correto, o mais justo, bem como a pressão exercida pela política de bonificação atrelada ao desempenho dos estudantes nos testes. Por outro lado, que conhecimentos essas falas revelam? Revelam a vontade de resistir à política dos exames, que deixa os docentes profissionais sem autonomia, sem possibilidade de gerir seu próprio trabalho; a vontade do professor de exercer com ética sua profissão, sem que seja desrespeitado nesse exercício, e a vontade de fazer com que seus alunos aprendam, apesar dos testes.

Muitas são as possibilidades de se pensar o que a escola pode fazer com os resultados dos testes. As respostas indagadoras aqui apresentadas pretenderam mostrar que, além daquilo que é visível num primeiro momento, há o que fica invisibilizado pela cultura dos exames, pela persistência revelada nas falas de alguns profissionais, pelas boas notas e pelos bons índices em detrimento das aprendizagens, pelas relações fragilizadas no espaço escolar. Outros aspectos poderiam ter sido privilegiados neste texto, mas optamos por esses.

A avaliação externa, tendo uma finalidade muito específica, a de avaliar os sistemas educacionais, com sua forte ênfase nos testes, encontra lugar numa escola marcada por princípios de uma educação moderna, cuja cultura dos exames é central para sua promessa de uma melhor qualidade.

Referências bibliográficas

CALZAVARA, M.T.S. (2011). "As práticas avaliativas e os registros de resultados nos anos iniciais do ensino fundamental: Um estudo de caso". Dissertação de mestrado. Rio de Janeiro: Universidade Federal do Estado do Rio de Janeiro.

ESTEBAN, M.T. (org.) (1999). *Avaliação: Uma prática em busca de novos sentidos*. Rio de Janeiro: DP&A.

FERNANDES, C. de O. (2012). "Uma análise dos instrumentos que conformam as políticas de avaliação implementadas pelas redes municipais de ensino fundamental do estado do Rio de Janeiro que adotam a organização por ciclos – Período 2009-2010". Relatório técnico, CNPq.

_____ (org.) (2014a). *Avaliação das aprendizagens e sua relação com o papel social da escola*. São Paulo: Cortez.

_____ (2014b). "Um estudo das influências da política de avaliações em larga escala da rede municipal de educação do Rio de Janeiro para a escola do ensino fundamental nos anos iniciais – Ciclo de alfabetização". Relatório técnico parcial, CNPq.

FERNANDES, C. de O. e FREITAS, L.C. de (2007). *Indagações sobre currículo: Currículo e avaliação*. Brasília: Ministério da Educação, Secretaria de Educação Básica.

FERNANDES, C. de O. e NAZARETH, H.D.G. (2011). "A retórica por uma educação de qualidade e a avaliação de larga escala". *Impulso*, v. 21, n. 51, jan.-jun. Piracicaba, pp. 63-71.

FERNANDES, D. (2009). *Avaliar para aprender: Fundamentos, práticas e políticas*. São Paulo: Ed. da Unesp.

FREITAS, L.C. de (2005). "Qualidade negociada: Avaliação e contra-regulação da escola pública". *Educ. Soc.*, v. 26, n. 92, out. Campinas, pp. 911-933. (Especial)

HADJI, C. (1994). *A avaliação, regras do jogo: Das intenções aos instrumentos*. Trad. Júlia Lopes Ferreira e José Manuel Cláudio. Porto: Porto Ed.

_____ (2001). *Avaliação desmistificada*. Trad. Patrícia C. Ramos. Porto Alegre: Artmed.

HAMILTON, D. (1992). "Sobre as origens dos termos classe e curriculum". *Teoria & Educação*, n. 6. Porto Alegre, pp. 33-52.

HOFFMANN, J. (1998). *Avaliação: Mito e desafio, uma perspectiva construtivista*. 23ª ed. Porto Alegre: Mediação.

NAZARETH, H.D.G. de (2014). "Políticas de avaliação externa na prática escolar: Os efeitos da política educacional em uma sala de aula da rede municipal do Rio de Janeiro". Dissertação de mestrado. Rio de Janeiro: Universidade Federal do Estado do Rio de Janeiro.

OLIVEIRA, A.A. de (2015). "A política de avaliação externa da Secretaria Municipal de Educação do Rio de Janeiro: Implicações para as práticas docentes". Dissertação de mestrado. Rio de Janeiro: Universidade Federal do Estado do Rio de Janeiro.

PERRENOUD, P. (1999). *Avaliação: Da excelência à regulação das aprendizagens. Entre duas lógicas*. Porto Alegre: Artmed.

SANTOS, B. de S. (2007a). *A crítica da razão indolente: Contra o desperdício da experiência*. 6ª ed. São Paulo: Cortez.

_____ (2007b). *Renovar a Teoria Crítica e reinventar a emancipação social*. São Paulo: Boitempo.

_____ (2008). *A gramática do tempo*. 2ª ed. São Paulo: Cortez.

SILVA, J.F. (2012). "Avaliação do ensino e da aprendizagem numa perspectiva formativa reguladora". *In*: SILVA, J.F.; HOFFMAN, J. e ESTEBAN, M.T. (orgs.). *Práticas avaliativas e aprendizagens significativas em diferentes áreas do currículo*. 9ª ed. Porto Alegre: Mediação.

VILLAS BOAS, B.M. de F. (2004). *Portfólio, avaliação e trabalho pedagógico*. Campinas: Papirus.

5
COORDENAÇÃO PEDAGÓGICA: ESPAÇO E TEMPO DE ORGANIZAÇÃO DO TRABALHO PEDAGÓGICO COLETIVO

Edileuza Fernandes Silva
Rosana César de Arruda Fernandes

A discussão sobre a organização do trabalho pedagógico da escola parte de dois pressupostos. O primeiro é que o trabalho pedagógico requer a instituição da cultura da colaboração, tendo a participação como premissa, isso porque não há como concebê-lo numa perspectiva formativa e reflexiva de forma individual e solitária. O segundo é que a organização do trabalho pedagógico da escola em geral, no espaço e no tempo da coordenação pedagógica, impacta o trabalho pedagógico realizado em sala de aula pelos professores e pelos estudantes, evidenciando uma relação indissociável entre ambos.

A perspectiva de coordenação por nós assumida é a de que esta é o espaço e o tempo primordiais de organização do trabalho pedagógico da escola em geral e da sala de aula, especificamente; de planejamento curricular e de avaliação educacional; de formação continuada e de discussão, acompanhamento e avaliação do projeto político-pedagógico da escola. Nessa visão, o trabalho realizado nesse espaço e tempo se pauta na reflexão da prática sem desprezo aos procedimentos, na ação coletiva e emancipadora, cujo foco está no processo que leva à construção de trabalho colaborativo, constituindo-se como espaço-tempo de possibilidades e de liderança pedagógica democrática. A ação dos coordenadores é reflexiva e impulsionadora, propositiva e de ação solidária. É a concepção de coordenação almejada por professores que buscam o desenvolvimento da escola e da educação de qualidade social (Fernandes 2012).

O trabalho organizado na coordenação pedagógica como espaço coletivo comporta dois significados, segundo Villas Boas (2002, p. 203): "o primeiro se refere ao trabalho realizado pela escola como um todo, e em sentido restrito resulta da interação do professor com seus alunos, em sala de aula, convencional e em outros espaços". Esses significados ampliam a compreensão do trabalho pedagógico como organização pertencente aos professores e aos estudantes, caracterizando-o como construção coletiva que fortalece a indissolubilidade entre quem pensa, planeja e realiza o trabalho.

Embora a coordenação pedagógica seja um espaço valorizado e reconhecido pelos professores para sua organização individual, o trabalho pedagógico ainda é visto como algo pertencente ao professor, excluindo os estudantes da corresponsabilidade por ele. Ao adotar essa postura, assume-se a ideia de que o professor é o único responsável pela organização do trabalho pedagógico, e, segundo Villas Boas (2002), ao excluir o aluno do planejamento dessa organização, corrobora-se a formação sem qualidade social do cidadão e trabalhador, que poderá ter dificuldades para inserir-se criticamente na sociedade.

Assim, a participação dos estudantes no processo de concepção e organização do trabalho escolar é fundamental e pode efetivar-se na elaboração, na implementação e na avaliação do projeto político-pedagógico, documento que organiza e sistematiza o trabalho pedagógico da escola.

Por meio do projeto político-pedagógico, todo o planejamento das atividades é sistematizado, propiciando inclusive acompanhamento e avaliação delas. Assim, a escola organizada coletivamente pensa e concretiza um trabalho que atenda às necessidades de aprendizagem dos estudantes e de participação da comunidade. O projeto político-pedagógico é também o instrumento que sinaliza novos caminhos e possibilidades para que o professor invista em sua formação nos espaços da própria escola, dinamizando-os e significando-os na coordenação pedagógica. Reforça-se, assim, a relação dialética entre o projeto da escola e a coordenação pedagógica (Fernandes Silva 2007).

Entretanto, a existência por si só do espaço e do tempo de coordenação pedagógica não garante a constituição do coletivo de professores e a colaboração dos pares, com vistas à organização do trabalho pedagógico. Essa possibilidade se concretiza por meio de propostas e objetivos comuns do grupo, com a elaboração, a implementação e a avaliação do projeto político-pedagógico da escola, de forma participativa, pela responsabilização de todos na construção do trabalho coletivo e solidário.

A pesquisa realizada em 2004 e 2005 por Fernandes Silva (2007) sobre a coordenação pedagógica como espaço e tempo de organização do trabalho pedagógico, com professores dos anos iniciais do ensino fundamental atuantes na rede pública de ensino do Distrito Federal e em processo de formação,[1] revelou como esses profissionais veem o espaço e o tempo da coordenação pedagógica:

> Espaço para estudos e reflexões entre o coletivo.
> Troca de informações e experiências para um planejamento interdisciplinar mais rico e resolução de dúvidas e problemas da sala de aula.
> Momento de articular os saberes, de socializar o trabalho, de avaliar, buscar, pesquisar.
> Vai além do planejamento da prática docente, das atividades didáticas para a sala de aula, abrangendo os diferentes aspectos do projeto pedagógico e das relações deste com a comunidade e a sociedade. (*Ibidem*, pp. 140-141)

As representações dos professores apontam para a coordenação pedagógica de caráter interdisciplinar voltada para o planejamento e a dinamização do projeto político-pedagógico da escola, o compartilhamento de experiências, a reflexão sobre a prática pedagógica. Essas ações, entre outras,

---

1. Curso de Pedagogia para Professores em Exercício no Início de Escolarização (PIE), criado pela Faculdade de Educação da Universidade de Brasília e realizado em parceria com a Secretaria de Estado de Educação do Distrito Federal (SEEDF), entre março de 2001 e julho de 2005.

visam ao alcance dos objetivos e das metas estabelecidos coletivamente pela comunidade escolar em seu projeto pedagógico.

A garantia de espaço e tempo de coordenação pedagógica pelos sistemas de ensino e sua adequada utilização nas perspectivas expressas pelos depoimentos vistos anteriormente contribuem para superar a fragmentação do trabalho pedagógico, as práticas repetitivas e a alienação dos profissionais em relação ao processo de trabalho, recuperando seu sentido essencialmente coletivo, em um contexto em que os docentes são influenciados pelos valores, pelas concepções, pelos saberes e pelos fazeres uns dos outros. O espaço e o tempo da coordenação pedagógica constituem uma possibilidade ímpar de organização do trabalho pedagógico coletivo, visando à educação como compromisso de todos os envolvidos, com foco no processo de ensino e de aprendizagem dos estudantes.

É uma via de mão única, por onde caminham lado a lado o espaço e o tempo de coordenação pedagógica e a organização do trabalho pedagógico coletivo, fomentadores da cultura de colaboração em que os profissionais da escola têm autoridade para decidir inclusive sua forma de organização, sem perder de vista a qualidade social da educação que assegura as aprendizagens de todos os estudantes. Garantir esse espaço e tempo de coordenação pedagógica representa um avanço por ser uma das condições para o desenvolvimento profissional docente na escola básica. Na coordenação pedagógica do professor, a discussão sobre o trabalho coletivo, as reuniões pedagógicas e administrativas, o envolvimento com a formação continuada, entre outras ações, favorecem esse avanço.

A existência de uma estrutura de coordenação pedagógica concebida como trabalho pedagógico coletivo, mesmo sendo diferenciada em cada sistema escolar, fomenta a interação dos pares, possibilitando à equipe de direção, em conjunto com os coordenadores e os orientadores educacionais, o planejamento coletivo e o acompanhamento do trabalho pedagógico dos professores. Esse planejamento coletivo é fundamental para que todos se organizem tanto na realização de atividades individuais, quanto na participação em atividades coletivas. Essa organização gera discussões em torno de diferentes opiniões e ações, o que fomenta um ambiente escolar participativo que se constitui como princípio de gestão democrática, proporcionando importantes momentos de reflexão crítica, enriquecidos pela diversidade de experiências profissionais de todos os envolvidos no cotidiano escolar. A coordenação pedagógica, para ser valorizada e mantida na estrutura de trabalho do professor, passa primordialmente por essa reflexão crítica sobre o ensino e a aprendizagem de todos os estudantes, objetivo maior da instituição escolar.

Para que o coletivo materialize suas intenções e ideias, a definição de princípios e objetivos é imprescindível à realização do trabalho que, como afirma Fusari (1993, p. 70), "não supõe apenas a existência de profissionais que atuem lado a lado numa mesma escola, mas exige educadores que tenham ponto de partida (princípios) e pontos de chegada (objetivos) comuns". Esses princípios e objetivos são sistematizados no projeto político-pedagógico da escola, organizador do trabalho processual, intencional e assumido por todos. Nessa perspectiva de trabalho, as práticas pedagógicas que não dão certo, assim como as dúvidas, não ficam veladas; ao contrário, vêm à tona com o propósito de buscar alternativas conjuntas e, sendo assim, promovem mudanças que podem encaminhar-se para a inovação dos processos educativos.

A articulação do espaço e do tempo da coordenação pedagógica nas escolas de educação básica, tendo em vista o trabalho pedagógico coletivo, traz alguns desafios e também muitas possibilidades. Para Placco e Souza (2008, p. 28), "contemplar o individual no coletivo e fazer com que o coletivo reflita o conjunto dos pontos de vista individuais é o que confere ao trabalho coletivo seu caráter de coletividade". Assim, o acolhimento de todos na construção coletiva do projeto político-pedagógico requer uma liderança pedagógica exercida especialmente pelo coordenador pedagógico.

Pesquisa realizada por Fernandes (2007) com coordenadoras e professoras dos anos iniciais do ensino fundamental em escolas públicas do Distrito Federal analisou o trabalho docente, a coordenação pedagógica e o papel do coordenador pedagógico. A coordenadora de uma escola pesquisada caracterizou a atuação do coordenador como: a) burocrático – contribui apenas com atividades burocráticas da função (fichas, relatórios, agendas); b) tarefeiro – voltado apenas para a confecção de materiais; c) responsável pelas aprendizagens de todos os estudantes – procura dar ênfase a todas as dimensões da ação coordenadora, que envolve o administrativo, o político, o pedagógico, entre outras, caracterizando-o como articulador do trabalho pedagógico coletivo.

Embora a função do coordenador seja definida externamente (pela legislação e pelas normas das redes de ensino), há um movimento instituinte no interior das escolas no sentido de definição coletiva e processual de suas funções. Dessa forma, o instituído e o instituinte se articulam (Castoriadis 1995). O instituído representa o que está posto e definido por normas, regras, valores que unificam as ações no ambiente escolar e estruturam a organização do trabalho pedagógico. O instituinte convive com o instituído, dando-lhe sentido, e está na base da discussão coletiva e na redefinição de normas e valores, considerando a realidade escolar.

O papel do coordenador pedagógico da educação básica é o de articular essas dimensões da gestão, buscando a inovação por meio de ações instituintes, com ênfase na organização do trabalho pedagógico coletivo, nos processos de ensino, aprendizagem e avaliação. Nessa perspectiva, o coordenador reúne condições favoráveis à constituição do trabalho pedagógico, articulando os projetos a serem desenvolvidos no contexto escolar (Fernandes 2010). Podemos destacar também que a coordenação pedagógica é valorizada porque se constitui como espaço e tempo primordiais de formação, em que os professores são atores ativos no processo formativo, assim como fortalece a articulação entre teoria e prática. A função do coordenador pedagógico é fundamental nesse contexto de possibilidades e realizações.

> A ação efetiva do coordenador pedagógico no sentido da mobilização de cada ator (em particular) e da equipe escolar (em geral) na perspectiva da superação do fracasso escolar só é possível se as ações individuais são decorrentes de um projeto construído coletivamente, se estão ancoradas no acolhimento, na disponibilidade e no comprometimento pessoal e do grupo e, sobretudo, se são valorizadas, apoiadas e viabilizadas pela direção da escola. (Bruno e Abreu 2006, p. 105)

Outras funções são definidas no interior das escolas, com vistas a essa articulação pedagógica local, mas nem sempre voltadas para o eixo aglutinador do grupo, que deve ser o projeto político-pedagógico, como documento que sistematiza as expectativas pessoais e coletivas dos profissionais da escola. A função do coordenador pedagógico como articulador do trabalho coletivo é imprescindível para auxiliar os professores a refletir sobre sua própria prática. Orsolon (2006, p. 23) afirma que essa função,

> além de possibilitar ao professor a percepção de que a proposta transformadora faz parte do projeto da escola, propiciará condições para que ele faça de sua prática objeto de reflexão e pesquisa, habituando-se a problematizar seu cotidiano, a interrogá-lo e a transformá-lo, transformando a própria escola e a si próprio.

A atitude de investigação da realidade representa importante mecanismo para impulsionar o trabalho pedagógico coletivo. O coordenador, como articulador desse trabalho, consegue movimentar o grupo no sentido de fortalecer o compromisso de todos com o projeto da escola. Essa função de articulação pressupõe o envolvimento do coordenador nas atividades com os professores, nos projetos coletivos, nos conselhos de classe, no planejamento das aulas e da avaliação da aprendizagem, no acompanhamento das aprendizagens dos estudantes, entre outras atividades.

Destacamos ainda que compete aos coordenadores pedagógicos, em conjunto com a equipe de direção, a elaboração do plano de ação da coordenação pedagógica, caracterizando a ação coordenadora como trabalho conjunto entre eles próprios, e não somente como acompanhamento dos professores. Esse plano de ação elaborado com base no projeto político-pedagógico da escola possibilita aos coordenadores articularem o trabalho pedagógico coletivo com qualidade. A ausência do plano de ação pode deixar o grupo à deriva no emaranhado de funções, tarefas e demandas que a sociedade atual tem reservado à escola. A função do coordenador pedagógico como articulador do trabalho pedagógico coletivo é primordial e requer envolvimento e compromisso de todos. Dessa forma, passa-se a ideia de que coordenar é responsabilidade coletiva. Na visão de Fernandes Silva (2004, p. 124),

> funcionar muito bem ou muito mal depende do contexto; bem, porque, sendo a coordenação um espaço coletivo de discussão, é também responsabilidade de todos os envolvidos na valorização e utilização desse espaço, como definidor dos rumos da escola; para isso necessário se faz um projeto político-pedagógico construído e vivenciado por todos os participantes do processo educativo da escola. Muito mal, porque um trabalho com a dimensão e complexidade da coordenação pedagógica requer a figura de um articulador, que tenha liderança e respeitabilidade junto ao grupo, e muitas vezes um trabalho que fica sob a responsabilidade de todos acaba sendo de ninguém.

Portanto, a coordenação pedagógica, como espaço e tempo primordial de articulação do trabalho pedagógico coletivo, ou seja, de formação continuada, de reflexão sobre as práticas pedagógicas e práticas avaliativas e de elaboração, implementação e avaliação do projeto político-pedagógico e outros, requer o envolvimento de todos os responsáveis pela escola. A articulação desse trabalho pelo coordenador, em conjunto com a equipe da direção, contribui para instaurar um processo de tomada de consciência dos problemas e das questões que emergem no contexto escolar e de organização de meios para solucioná-los, num movimento ininterrupto de ação-reflexão-ação, constituindo-se, assim, um desafio à escola como um todo.

Referências bibliográficas

BRUNO, E.B.G. e ABREU, L. C. de (2006). "O coordenador pedagógico e a questão do fracasso escolar". *In*: ALMEIDA, L.R. de e PLACCO, V.M.N. de S. (orgs.). *O coordenador pedagógico e questões da contemporaneidade*. São Paulo: Loyola.

CASTORIADIS, C. (1995). *A instituição imaginária da sociedade*. 3ª ed. Rio de Janeiro: Paz e Terra.

FERNANDES, R.C. de A. (2007). "Educação continuada, trabalho docente e coordenação pedagógica: Uma teia tecida por professoras e coordenadoras". Dissertação de mestrado. Brasília: Faculdade de Educação/UnB.

_____ (2010). "Educação continuada de professores no espaço-tempo da coordenação pedagógica: Avanços e tensões". *In*: VEIGA, I.P.A. e FERNANDES SILVA, E. (orgs.). *A escola mudou. Que mude a formação de professores!*. Campinas: Papirus.

_____ (2012). "Coordenação de curso de graduação: Das políticas públicas à gestão educacional". Tese de doutorado. Brasília: UnB.

FERNANDES SILVA, E. (2004). "Curso de pedagogia para professores em exercício nas séries iniciais da rede pública de ensino do DF e suas implicações na prática pedagógica". Dissertação de mestrado. Brasília: UnB.

_____ (2007). "A coordenação pedagógica como espaço de organização do trabalho escolar: O que temos e o que queremos". *In*: VEIGA, I.P.A. (org.). *Quem sabe faz a hora de construir o projeto político-pedagógico*. Campinas: Papirus.

FUSARI, J.C. (1993). "A construção da proposta educacional e do trabalho coletivo na unidade escolar". *Revista Ideias*, n. 16. São Paulo: FDE, pp. 60-77.

ORSOLON, L.A.M. (2006). "O coordenador/formador como um dos agentes de transformação da/na escola". *In*: ALMEIDA, L.R. de e PLACCO, V.M.N. de S. (orgs.). *O coordenador pedagógico e o espaço da mudança*. 5ª ed. São Paulo: Loyola.

PLACCO, V.M.N. de S. e SOUZA, V.L.T. de (2008). "Desafios ao coordenador pedagógico no trabalho coletivo". *In*: ALMEIDA, L.R. de e PLACCO, V.M.N. de S. (orgs.). *O coordenador pedagógico e os desafios da educação*. São Paulo: Loyola.

VILLAS BOAS, B.M. de F. (2002). "Bases pedagógicas do trabalho escolar I". Curso de Pedagogia para Professores em Exercício no Início de Escolarização, mód. I, v. 1. Brasília: FE/UnB.

6
AVALIAÇÃO INFORMAL NA ESCOLA: ENCORAJANDO ATITUDES SOCIAIS E EDUCACIONAIS DESEJÁVEIS

Benigna Villas Boas

Leôncio (nome fictício), com quase 11 anos de idade, antes do início das aulas, viu a mochila de um colega sobre um banco no pátio da escola. Não havia ninguém por perto. Ele então a abriu, retirou dois cartuchos de jogos de *videogame* e colocou-os em um de seus bolsos. Mais tarde, foi chamado à direção da escola, porque o dono da mochila sentiu falta dos objetos e fez a reclamação. Primeiramente, o menino negou que tivesse pegado os objetos. Imaginando o que poderia ter acontecido, a coordenadora pedagógica solicitou a Leôncio que fosse verificar em sua mochila se ele não havia "guardado" por engano os cartuchos do colega. Disse-lhe ainda que somente os dois estavam sabendo do ocorrido, que o colega ficaria muito feliz em receber os jogos de volta e que não contaria a ninguém que ele os havia guardado. Leôncio retornou com a mochila, retirou de dentro dela os cartuchos e os entregou à coordenadora pedagógica, que então conversou com o garoto sobre o significado e as consequências daquele ato. Em outro momento, os pais do estudante foram chamados à escola para se inteirarem da situação e para que eles e a escola pudessem agir a fim de evitar episódios semelhantes. Esse fato foi relatado pela mãe de Leôncio.

A coordenadora pedagógica poderia ter agido de outra maneira, ameaçando, punindo e constrangendo o estudante. Em situações desse tipo, é comum serem aplicadas advertências e suspensão de aulas. Em vez de chamar o estudante em sua sala e conversar reservadamente com ele, deixando clara sua intenção, poderia ter ido à sala de aula para resolver o caso publicamente diante da turma, com a justificativa de que isso serviria de exemplo para os outros estudantes sobre como não se deve agir na escola. Contudo, esse caminho não seria educativo.

Em vez de pedir ao estudante que ele mesmo fosse verificar se "guardara" os cartuchos em sua mochila, ela mesma poderia ter feito isso, invadindo sua privacidade como forma de punição. A mãe de

Leôncio disse ter recebido orientação para ela e o pai conversarem com o filho sobre os motivos que o levaram a cometer o ato, sem usar ameaças nem punição. A mãe afirmou ter ouvido da coordenadora: "É uma situação delicada que precisa ser tratada com delicadeza e cuidado".

Trata-se de um exemplo de avaliação informal ocorrida *na* escola. Frisamos isso porque o estudante não é avaliado somente em sala de aula, por seus professores, mas todo o tempo que permanece na escola, em todos os ambientes e por todos os que com ele interagem, inclusive seus colegas. No evento aqui relatado, Leôncio envolveu-se em uma situação de avaliação logo ao entrar na escola, antes mesmo de chegar à sala de aula. Não foi uma atividade avaliativa planejada por um de seus professores. Observa-se que é uma avaliação diferente da que se vivencia em sala de aula, e Leôncio não sabia que aquele fato fazia parte do processo avaliativo. Esteban (2003, p. 35) concebe a avaliação como um processo tecido coletivamente não apenas na sala de aula, mas também na sala dos professores, no pátio, no refeitório, nos banheiros, nos corredores, no portão, na biblioteca, nos tantos outros lugares por onde transitam os sujeitos que se encontram na escola para realizarem, juntos, um trabalho que visa à ampliação permanente dos conhecimentos.

Leôncio foi alvo de avaliação no pátio da escola. Com propriedade, a autora afirma que a avaliação é "tecida coletivamente", isto é, compartilhada por muitos sujeitos, entre os quais os estudantes. Essa tessitura é constante na escola. Por esse motivo, a avaliação não é um ato meramente técnico e isolado do trabalho pedagógico de toda a escola e da sala de aula. Além disso, tem repercussões na vida escolar e na trajetória pessoal do estudante. O que as pessoas de seu convívio pensam sobre ele e a forma de elas expressarem suas percepções, publica ou reservadamente, influenciam sua formação e ações futuras.

Nem sempre a escola se dá conta de que os estudantes estão continuamente passando por algum tipo de avaliação que traz consequências, dentro e fora da sala de aula. A avaliação informal contribui grandemente para a construção desse processo. É diferente da formal, em que são adotados procedimentos perceptíveis e previamente conhecidos pelos avaliadores e pelos avaliados, como provas e outras atividades anunciadas pelos professores. Ocorre desde a entrada do estudante na escola, por meio de sua interação com todos os que nela atuam e até mesmo com seus colegas. A maneira como ele é recepcionado no portão da escola por cumprimentos e gestos que lhe são dirigidos pelo porteiro e comentários sobre sua forma de apresentar-se já compõem a avaliação informal. Não tem nota, mas pode influenciar as notas que receberá. Freitas *et al.* (2009, p. 27) argumentam que essa parte é a mais dramática da avaliação porque possibilita a formação de juízos sobre a pessoa do estudante. Esses juízos costumam permanecer inalterados enquanto o estudante frequenta a escola. Várias pesquisas têm revelado essa face da avaliação, que se interessa mais pela pessoa do estudante do que por suas aprendizagens. Ressaltam-se seu comportamento, suas atitudes e sua maneira de agir, tirando de foco o que já aprendeu e o que ainda lhe falta aprender.

No caso de Leôncio, a avaliação informal aconteceu na esfera escolar. Situações desse tipo podem ter repercussão na avaliação conduzida em sala de aula porque todas as informações circulam pela escola, que tende a tratar os estudantes de acordo com a imagem que vai construindo sobre eles, em todos os momentos e espaços. Freitas *et al.* (*ibidem*, p. 28) alertam que assim "começa a ser jogado o destino dos alunos – para o sucesso ou para o fracasso". Por esse motivo e pelo fato de a avaliação informal nem sempre ser prevista, isto é, acontecer segundo as circunstâncias, todos os profissionais da escola precisam enfrentá-la com ética e respeito aos estudantes. Quando nos referimos a todos os profissionais da escola, queremos incluir todos os que com eles interagem, como porteiros, pessoal da limpeza, alimentação e serviços gerais. Tudo o que acontece na escola compõe o processo de aprendizagens.

Há alguns anos, um fato me surpreendeu. Fui convidada a promover uma discussão sobre avaliação formativa com todo o corpo docente, coordenadora pedagógica, orientadora educacional, equipe gestora e todos os outros profissionais de uma escola de anos iniciais do ensino fundamental. Como o grupo não era grande, formamos um círculo e conversamos sobre o papel de cada um deles no processo avaliativo das crianças, dando destaque para a avaliação informal, tendo em vista a presença dos profissionais da limpeza, alimentação e secretaria. Chamou-me a atenção a participação ativa e o interesse pelo tema manifestados por esses profissionais. É um exemplo a ser seguido.

Sugerimos à diretora que programasse encontros com os pais para discutir o mesmo tema, para que escola e família praticassem a avaliação informal de maneira encorajadora, abandonando rótulos, ameaças e comparações. Em situações familiares, encontramos com frequência o hábito de as crianças serem comparadas quando salientadas suas fragilidades e qualidades. Isso geralmente é feito a partir dos resultados do processo avaliativo conduzido pela escola. Vê-se, então, que a avaliação realizada pela escola cumpre também o importante papel de orientar a educação praticada em casa. O diálogo com os pais se torna produtivo quando a escola e a família usam a mesma linguagem.

Não podemos deixar de mencionar que, da mesma forma, os pais/responsáveis costumam ser alvo da avaliação informal. No ato da matrícula, comentários sobre eles começam a circular pela escola. Já ouvimos os seguintes: "(...) é aquele que foi matriculado pelo avô, que veio bêbado"; "A mãe do (...) veio à escola com a blusa pelo avesso"; "(...) também, filha de quem é" (a professora devolvia provas corrigidas, anunciando as notas e fazendo comentários oralmente). Em outra situação, ouvimos uma professora dizer para uma menina do 3º ano do ensino fundamental no início da aula, quando passava de carteira em carteira "fiscalizando" quem havia feito o dever de casa: "Sua mãe não fica em casa nem no fim de semana para ajudá-la a fazer os deveres?". Esse comentário foi feito em voz alta e todos os estudantes escutaram. Ficamos imaginando como estaria se sentindo a garota ouvindo tal apreciação sobre sua mãe.

Os juízos de valor sobre pais/responsáveis feitos pela escola podem atingir seus filhos e transmitir-lhes imagem negativa ou positiva, dificultando ou favorecendo as relações. Comentários sobre sua participação nas atividades escolares devem ser acompanhados de muito cuidado. Informações obtidas por vários meios não podem ser compartilhadas nem ser objeto de brincadeiras e deboches em reuniões. A escola ganha credibilidade perante os estudantes quando estes percebem seus pais/responsáveis sendo alvo de tratamento respeitoso.

Lembremo-nos de que a avaliação informal é complementar à formal. Não é necessariamente negativa. Quando bem compreendida e utilizada, pode ser de grande valia no processo avaliativo. Estamos abordando neste texto a que é praticada *na* escola, isto é, fora da sala de aula. Precisamos acostumar nosso olhar a identificar os aspectos positivos da vivência escolar de nossos estudantes para que saibamos tirar proveito de tudo o que nos revelam a cada momento. Atitudes sutis podem ajudar-nos a compreender como eles estão se desenvolvendo e aprendendo.

Por falar em avaliação informal *na* escola, não podemos nos esquecer do conselho de classe, instância avaliativa da escola, momento privilegiado de encontro de professores, estudantes e representantes da equipe gestora e da coordenação pedagógica. Em algumas situações, os pais são convidados a participar. Pode inserir-se na lógica da avaliação classificatória (centrada em notas, aprovação e reprovação) ou na lógica da avaliação formativa. A avaliação informal está fortemente presente nos encontros do conselho de classe, manifestando-se segundo a concepção de avaliação adotada. Não é raro ouvir comentários sobre a pessoa do estudante que não traduzem o interesse pelo avanço de suas aprendizagens. Um estudante da então 5ª série do ensino fundamental manifestou seu entendimento sobre o objetivo desse conselho: "Serve para tentar disciplinar os alunos, discutir como os alunos se comportam, para saber das notas. Os professores ficam sabendo do comportamento, se o aluno está bem nas matérias, se o aluno merece destaque ou não" (Villas Boas 2010, p. 93).

Por esse depoimento, depreende-se que os estudantes "sabem das coisas", isto é, constroem sua compreensão dos propósitos das atividades escolares. Não é necessário que lhes digam para que serve o conselho de classe; pelo que dele resulta, eles formulam seu entendimento. Essa é uma das aprendizagens oferecidas pela escola.

Já a função formativa da avaliação requer lógica diferente para o funcionamento do conselho de classe. Os professores apresentam informações sobre o que cada estudante aprendeu e o que ainda não aprendeu e propõem os meios necessários para a conquista das aprendizagens por todos. Como o conselho é um momento de avaliação diagnóstica das atividades escolares e não um colegiado controlador, como resultado de cada reunião, são registrados os encaminhamentos, que constituirão o ponto de partida da reunião seguinte. Dessa forma, mantém-se um encadeamento das decisões, das ações e de seu alcance.

Não é o caso de se utilizar o tempo do conselho de classe com comentários desairosos sobre a pessoa do estudante porque isso não leva a lugar nenhum. Pelo contrário, pode conduzir à criação de clima hostil, deselegante e desrespeitoso, voltado para constrangimentos, rótulos e atritos. A avaliação formativa, ao ocupar-se com as aprendizagens, requer que o conselho de classe seja um momento de análise das produções de cada estudante, de modo que resulte em informações úteis para o avanço de suas aprendizagens. Assim conduzido, é recomendável a presença dos estudantes, porque acaba sendo um momento de ricas aprendizagens, pondo em destaque o trabalho coletivo, ético e comprometido com o sucesso de todos. Nesse tipo de conselho não cabe a competição nos vários formatos que ela vem adquirindo na escola: estudantes-destaque, estudante nota dez, ranqueamentos, exposição da nota adquirida pela escola no Ideb etc.

Ao concluirmos este texto, propomos aos leitores a seguinte reflexão: algumas escolas têm em seu calendário um dia destinado às reuniões do conselho de classe. Nesse dia, os estudantes são dispensados das aulas. Compareçem à escola somente as pessoas que compõem esse conselho. Qual o significado dessa atitude? Convido os leitores a perguntar aos estudantes de uma escola que assim procede como eles percebem esse fato.

Referências bibliográficas

ESTEBAN, M.T. (2003). "Ser professora: Avaliar e ser avaliada". *In*: ESTEBAN, M.T. (org.). *Escola, currículo e avaliação*. São Paulo: Cortez.

FREITAS, L.C. de *et al.* (2009). *Avaliação educacional: Caminhando pela contramão*. Petrópolis: Vozes.

VILLAS BOAS, B.M. de F. (2010). *Projeto de intervenção na escola: Mantendo as aprendizagens em dia*. Campinas: Papirus.

7
PAIS/RESPONSÁVEIS: PARTICIPAÇÃO NECESSÁRIA!

Rose Meire da Silva e Oliveira

Discorrer acerca da participação da família na vida escolar dos estudantes talvez pareça trivial. Entretanto, refletir acerca das percepções e dos significados que os pais/responsáveis atribuem à avaliação das aprendizagens dos filhos é revelador se considerarmos que a organização do trabalho escolar e pedagógico compreende, entre outros aspectos, clareza de estratégias avaliativas adotadas pela escola, isto é, por todos os sujeitos sociais envolvidos no processo educativo.

Uma pesquisa por mim realizada em uma instituição pública de ensino do Distrito Federal, intitulada "Pais/responsáveis e a avaliação das aprendizagens: Percepções e significados" (Oliveira 2011), revelou que informações significativas para que a família possa compreender o processo avaliativo das aprendizagens dos estudantes não são discutidas e/ou esclarecidas pela escola com os pais. É importante que estes possam ter clareza sobre em que consiste, para que serve e como é realizada a avaliação, quem deve avaliar e ser avaliado, sobre o uso dos resultados, sobre como chegarão a ter conhecimento de tais resultados, como seus filhos se sentem ao serem avaliados, como eles próprios se sentem diante da avaliação praticada e o que podem sugerir para a reorganização do processo avaliativo. Todas essas questões trazem à tona a efetividade da participação e do envolvimento da família no contexto escolar.

Os diferentes momentos e recursos da avaliação institucional, entendida como processo destinado a analisar o desenvolvimento de todo o trabalho escolar e a oferecer encaminhamentos para sua melhoria, tendo como referência o projeto político-pedagógico, devem contar com ampla participação (estudantes, pais, professores, equipe gestora, coordenação pedagógica e os servidores que contribuem para que todas as atividades ocorram). Trata-se de uma avaliação estratégica porque se vale de todas as informações produzidas pela escola (advindas da que ocorre em sala de aula e da oferecida pelos testes padronizados, como Provinha Brasil, ANA, Prova Brasil e outros, em nível estadual e local).

Esse é o processo de apropriação da escola por seus atores (Freitas *et al.* 2009), podendo ser de grande valia para que pais/responsáveis compreendam como seus filhos são avaliados e como cada professor e toda a instituição organizam o trabalho que desenvolvem. Isso lhes proporcionará sentimento de pertencimento à instituição de ensino e de valorização de seus saberes, desejos e expectativas atinentes ao desempenho dos estudantes.

Embora a gestora da escola onde a pesquisa foi realizada tenha envolvido pais/responsáveis por meio do conselho escolar, na organização e na realização do "Dia da Família" e em outras atividades e eventos promovidos pela instituição, não foi percebida a criação de ocasiões de diálogo por meio de espaços/tempos variados para ouvir os problemas enfrentados pelas famílias que estivessem impedindo ou dificultando sua participação na vida escolar dos filhos/estudantes. Ações concretas conjuntas podem contribuir para o fortalecimento do vínculo entre a escola e a família.

Torna-se necessário combater veementemente toda forma de pseudoparticipação, como apenas enviar comunicados aos pais/responsáveis ou simplesmente promover encontros para apresentar-lhes projetos e ações, sem que tenham sido envolvidos nos respectivos processos de construção. Malavasi (2009, p. 183) afirma que, num processo de democratização institucional,

para os gestores o desafio é ainda maior, pois democratizar a gestão pode implicar maior demanda de trabalho e menor controle sobre os processos escolares; para os pais pode representar uma mudança nas relações mantidas com a escola, e para os professores pode significar uma nova conduta acerca da organização de seu trabalho. E para a escola como um todo, tal iniciativa pode demandar uma nova forma de se construir enquanto instituição educativa.

Mecanismos sutis de exclusão e/ou de marginalização dos pais/responsáveis no processo educativo dos filhos/estudantes podem conduzir à negação da escola como espaço educativo. Sua ausência nessa instituição pode significar que eles não a percebem como lugar de acolhimento, que valoriza e leva em conta sua participação.

A participação dos pais/responsáveis na construção do projeto político-pedagógico e no processo de avaliação institucional lhes dá a oportunidade legítima de serem ouvidos em suas singularidades, de exporem seus valores familiares e de entenderem as intencionalidades dos discursos presentes no dia a dia da escola. Esse processo confere clareza às práticas avaliativas que resultam em melhoria do processo educativo.

A importância da participação da família é evidenciada pelos depoimentos de alguns dos pais de estudantes que, à época da pesquisa, cursavam o 3º ano do ensino fundamental, do Bloco Inicial de Alfabetização, em uma escola pública da periferia do Distrito Federal:

A gente não tem acesso, não conhecemos. É apenas mandado o bilhetinho, dizendo que foi feito isto ou aquilo. Mas eu não conheço, não sei se tenho o direito de chegar aqui e dizer: diretora, coordenadora ou vice-diretora, eu gostaria de ter acesso ao projeto político-pedagógico da escola. Eu não sei se podemos ter acesso a isso (...).

Esse relato expressa insegurança quanto à possibilidade de envolvimento no trabalho escolar. Percebe-se que quem se manifestou assim tem condições de oferecer contribuição. É comum ouvirmos pais/responsáveis dizerem que recebem "bilhetinho" da escola, uma prática autoritária porque não permite o encontro "olho no olho" para o compartilhamento de ideias. O autor do depoimento sabe da existência do projeto político-pedagógico, mas o desconhece, o que significa que não contribuiu para sua construção. Ouvir de um pai que não sabe se pode ter acesso a esse projeto revela que a escola tende a manter os responsáveis pelo estudante fora de seus muros.

> Eu vejo que, de um modo geral, a escola está um tanto quanto distante. É necessário que se crie um espaço melhor e se intensifique essa questão da participação dos pais. Até para que a gente possa ter mais liberdade no ambiente escolar e possa acompanhar mais de perto o desenvolvimento do aluno (...). Entra na questão da conscientização dos pais, entendeu? Quando o pai está presente na escola e ele participa do ambiente escolar, ele vai passar a entender melhor como é avaliada a aprendizagem do filho e vai até sugerir melhor e criar situações para esse aprendizado. O importante é começar de alguma forma, marcar um dia na semana...

> Eu acho que os pais deveriam falar, ter mais conversa, antes de entregar as provas, as atividades avaliativas. Eu mesmo sou um que não sei sobre essa avaliação. Eu acho que é muito importante saber, porque a gente fica atualizada e, se faltasse alguma coisa, a gente poderia corrigir o que está faltando para o filho aprender.

Tais depoimentos apontam o interesse dos pais/responsáveis pelo acompanhamento do trabalho escolar. Contar com essa disponibilidade só enriquece a ação de toda a instituição e a de cada sala de aula.

Esses relatos sinalizam a necessidade de compreender que a escola se fortalece com base no coletivo, na ação consciente e organizada de cada sujeito social e de todo o grupo que a compõe. É fundamental para a organização do trabalho escolar que os pais e os estudantes, bem como os professores, equipe gestora e pedagógica[1] discutam e compreendam a importância do envolvimento de cada um na definição de tomada de decisões e, juntos, sintam-se aliados e corresponsáveis pelo processo de construção do conhecimento pelos estudantes, validando, assim, a função social e educativa que a escola tanto almeja.

Desse modo, as práticas avaliativas que potencializam mudanças sociais e primam por processos emancipatórios precisam ser discutidas com os pais/responsáveis para que eles as compreendam, as apoiem e se unam a seus filhos. Somente assim poderemos construir o processo avaliativo comprometido com as aprendizagens de todos os estudantes.

Nesse sentido, algumas estratégias pedagógicas podem ser utilizadas para maior engajamento da família na ação educativa dos estudantes, tais como:[2] orientar como os pais/responsáveis podem auxiliar seus filhos na realização das atividades extraclasse, como os deveres de casa, sem lhes repassar o trabalho que cabe ao professor; adotar formas e canais de comunicação eficientes para acesso à família, sempre com vistas à conquista das aprendizagens por todos os estudantes; conhecer o perfil dos pais para melhor aproveitamento de seu tempo livre e de suas habilidades/competências na escola; encontrar formas de participação do responsável pelo aluno no conselho de classe; envolver a comunidade escolar na tomada de decisões concernentes ao trabalho escolar para busca de soluções efetivas; estabelecer relação de confiança e clima de cooperação mútua entre professores e família; promover maior aproximação com os pais/responsáveis em situação de vulnerabilidade social e que

---

1. Na SEEDF, a equipe pedagógica é constituída por coordenadores e supervisores pedagógicos, orientadores educacionais e profissionais da equipe especializada de apoio à aprendizagem.

2. As sugestões de ações escolares apresentadas foram adaptadas a partir do *site*: http://www.ese-jdeus.edu.pt/projectoepe/sug/sugestoes.html, acesso em 27/4/2015.

enfrentam dificuldades para estar na escola em razão de horários de trabalho pouco flexíveis, falta de recursos, preocupações com questões de sobrevivência, percepção de baixa competência para tratar de assuntos relacionados à escola e/ou memórias negativas relacionadas com sua própria experiência escolar; explicitar para os pais/responsáveis a política educacional adotada pelo sistema de ensino, para melhor compreensão da organização escolar e de suas implicações pedagógicas.

A adoção de estratégias adequadas estreita a parceria família-escola e fortalece a organização do trabalho pedagógico, rompendo com a ideia de participação dos pais em reuniões bimestrais somente para ciência dos resultados das aprendizagens obtidos pelos filhos/estudantes, como relatado pelos pais na pesquisa por mim conduzida: "O problema das reuniões de pais é que somente é dado o resultado dos filhos. É dito como está o comportamento dele, onde ele tem que melhorar e acabou"; "Eu acho que os pais deveriam falar, ter mais conversa, participar mais nas reuniões"; "A reunião de pais deveria ser um espaço para os pais avaliarem o trabalho da escola".

Observa-se ser muito lúcida a última afirmação. Quem a fez sabe que a escola deve avaliar o próprio trabalho e que essas reuniões constituem um dos momentos preciosos para isso. Envolver os pais/responsáveis no processo de avaliação do trabalho escolar significa valorizá-los e contar com uma contribuição inestimável. Este é um dos requisitos da escola democrática.

Os pais/responsáveis têm o direito e o dever de se inserirem na organização/reorganização do trabalho escolar, como partícipes do processo educativo dos filhos.

Torna-se, portanto, necessário que o discurso da participação efetiva da família se transforme em ação firmada pelo projeto político-pedagógico, com vistas à transparência das ações e à ampliação das reflexões por todo o coletivo. Com isso, será possível construir a lógica avaliativa comprometida com a emancipação dos sujeitos que interagem cotidianamente no ambiente escolar.

Referências bibliográficas

FREITAS, L.C. de *et al.* (2009). *Avaliação educacional: Caminhando pela contramão*. Petrópolis: Vozes.

MALAVASI, M.M.S. (2009). "Avaliação institucional e gestão da escola: A participação das famílias potencializando uma educação de qualidade". *In*: SORDI, M.R.L. de e SOUZA, E. da S. (orgs.). *A avaliação institucional como instância mediadora da qualidade da escola pública: A rede municipal de Campinas como espaço da aprendizagem*. Campinas: Millennium.

OLIVEIRA, R.M. da S. e (2011). "Pais/responsáveis e a avaliação das aprendizagens: Percepções e significados". Dissertação de mestrado. Brasília: Faculdade de Educação/UnB.

8
CONSELHO DE CLASSE: FOCO NO PROJETO DA ESCOLA OU NA RESPONSABILIZAÇÃO DOS ESTUDANTES?

Elisângela T. Gomes Dias
Sílvia Lúcia Soares

Considerações iniciais

O conselho de classe tem sua gênese no movimento desencadeado por Freinet na década de 1930, uma corrente anticonservadora que protagonizou as chamadas escolas democráticas, trazendo, em seu bojo, a preocupação com a formação do sujeito social. Entre as bases de apoio dessa pedagogia, que buscava formas alternativas de ensino, Freinet defendia o princípio da cooperação, que permitia a organização das diversas modalidades de trabalho, entre elas as reuniões cooperativas.

O conselho de classe, nessa perspectiva, tinha a finalidade de contribuir para a gestão do trabalho e a regulamentação dos conflitos. Pautava-se na divisão das responsabilidades e na elaboração das regras de vida e de trabalho, pois, para Freinet (1975), a democracia de amanhã era preparada pela democracia vivenciada na escola. Desse modo, a proposta era que sua realização fosse semanal, por meio de uma roda com os estudantes, dando oportunidade para a defesa de pontos de vista, argumentações, medos e dúvidas de todos – tudo organizadamente, com a participação da turma inteira. O coordenador e o relator eram escolhidos por seus colegas, havendo mudança a cada novo conselho, de modo que diferentes alunos aprendessem a coordenar e a relatar as reuniões. O conselho de turma (ou classe) constituía um dos momentos de fala (estratégias de conversação e diálogo sobre temas diversos na turma, obedecendo a rituais que prescreviam as marcações consideradas desejáveis para a comunicação) que favoreciam a tomada de decisões e atitudes e o trabalho em equipe (Freinet 1975).

Por volta de 1945, na França, o conselho de classe foi utilizado como estratégia para o desenvolvimento de trabalho interdisciplinar em classes experimentais. Por ocasião da reforma francesa de ensino de 1959, ganhou outras dimensões: o conselho de classe, no âmbito da turma; o conselho de orientação, no âmbito da instituição; e o conselho departamental de orientação, em esfera mais ampla (Rocha 1986). Foi nesse período que o conselho de classe se vinculou à avaliação classificatória e se afastou do propósito de servir como instância de incentivo a práticas democráticas. Sua função passou a ser a de classificar os estudantes conforme as "aptidões" individuais e o "caráter" observado pelos professores e, posteriormente, transmitir essas informações às famílias.

Tal dicotomia também ocorreu no Brasil. O ideário escolanovista do Manifesto dos Pioneiros (1932) defendia a ideia de "organismo vivo", de comunidade e trabalho coletivo, embora não tenha instituído o conselho de classe como modo de operacionalização e combate à centralização de poder e de decisões. Seu uso era voluntário às escolas que se dispusessem a tê-lo como estratégia de relevância para a organização do trabalho pedagógico.

Somente por meio das recomendações contidas na Lei n. 5.692/71, de orientação pragmática e tecnicista, é que se abriu caminho para formalizar e regulamentar a operacionalização de instâncias de avaliação coletiva na escola, como o conselho de classe (Dalben 2004). Diferentes diretrizes, traçadas pelos Conselhos Estaduais de Educação, ora destacavam o caráter de avaliação em equipe na busca de novas alternativas que eliminassem as ações uniformizadas e que incentivassem a capacidade criadora de buscar novas alternativas, servindo como agente da realimentação do processo pedagógico desenvolvido e valorizando a participação dos estudantes nesse processo, ora eram tomadas como instância de regulação e controle a serviço do professor e demais especialistas que atuam na escola.

Atualmente, a gestão democrática para os sistemas públicos de ensino na educação básica é legitimada pela Lei de Diretrizes e Bases da Educação Nacional, n. 9.394/96, em seu artigo 14, que tem como princípios: "I – participação dos profissionais da educação na elaboração do projeto pedagógico da escola; II – participação das comunidades escolar e local em conselhos escolares ou equivalentes" (Brasil 1996).

O que se questiona é se o conselho de classe tem de fato sido tomado como instância de decisão coletiva com a participação da comunidade escolar e qual é seu objeto de análise: o projeto pedagógico implementado na escola, via mecanismo de avaliação institucional, ou o desempenho individual dos estudantes, observado no processo de avaliação da aprendizagem desenvolvido pelo professor na dinâmica da sala de aula. Isso acontece porque a instituição escolar reflete em seu interior as condições subjacentes à sociedade, que, no contexto capitalista, se configura no acesso assimétrico ao bem-estar e à justiça social e, por conseguinte, ao conhecimento. Há ainda o fato de a instituição escolar, historicamente, sustentar-se em uma organização horizontal copiada da estrutura social mais ampla, que escamoteia o direito à crítica, à participação e ao diálogo.

Para tanto, analisa-se neste texto parte dos dados da pesquisa realizada por Dias (2014), que teve como objetivo geral compreender as implicações da utilização da Provinha Brasil para o trabalho pedagógico de professores e gestores da rede pública de ensino do Distrito Federal (DF), a partir do processo de multirregulação dessa política de avaliação. A pesquisa partiu do contexto educativo em que os professores que aplicavam a Provinha Brasil trabalhavam, considerando-se as interações estabelecidas com os demais profissionais da instituição e com as crianças, em diferentes espaços: na sala de aula, durante as atividades de planejamento, no conselho de classe, nas reuniões com os pais ou responsáveis e em reuniões ou eventos organizados pela Secretaria de Estado de Educação do Distrito Federal (SEEDF).

Para efeito deste texto, serão analisadas, em linhas gerais, as contribuições do conselho de classe para a organização do trabalho pedagógico desenvolvido na escola em que a pesquisa de Dias (2014) foi realizada, doravante denominada "Escola Bioma" (nome fictício), especialmente nas turmas das quatro professoras acompanhadas no estudo de caso, que lecionavam para estudantes do 2º ano do ensino fundamental. Desse modo, é necessário compreender a organização do trabalho pedagógico na Escola Bioma.

Considerar os contextos educativos e as dimensões afetivas e relacionais construídas no interior da instituição educativa favorece o desenvolvimento de uma visão globalizante e integradora da organização do trabalho pedagógico. Ademais, as formas de organização da escola constituem práticas educativas articuladas tanto com a aprendizagem dos estudantes como com o trabalho docente.

Discutiremos, nesse cenário, três elementos da organização do trabalho escolar que, durante a pesquisa, se tornaram mais latentes e interferem, direta ou indiretamente, no modo pelo qual o conselho de classe é conduzido na escola.

1. A descontinuidade das políticas educacionais: Enfraquecimento da ação coletiva na escola

A estrutura organizacional da SEEDF muda a cada gestão em razão dos diferentes propósitos políticos e perspectivas ideológicas, gerando uma grande rotatividade de profissionais em todas as áreas e em todos os setores. Grande parte dos que exercem atividades de gestão nas diretorias centrais são profissionais de carreira, mas isso não garante sua permanência em funções estratégicas, nas trocas de governo. Com efeito, as políticas educacionais no âmbito da SEEDF são marcadas por descontinuidades, o que fragiliza substancialmente os processos pedagógicos, principalmente pelo alto grau de desarticulação das ações. Além disso, quando as mudanças ocorrem em um período curto, muitos projetos demoram a ser iniciados e acabam não sendo devidamente planejados, implementados e avaliados, provocando desconfiança e resistência dos docentes diante de cada nova proposta.

Muitas escolas seguem o mesmo ritmo. Na Escola Bioma, Dias (2014) verificou que o projeto político-pedagógico (PPP), elaborado com pouca participação da comunidade escolar, incluindo o corpo de professores, não era desenvolvido nem mesmo conhecido por todos. Assim, o planejamento realizado no interior da escola era geralmente de curto prazo, e os objetivos coletivos não eram perseguidos. Cada professor realizava o seu, normalmente com os colegas do mesmo ano. Observamos, assim, a existência de diferentes projetos sendo desenvolvidos sem nenhuma articulação com o PPP. Alguns não eram sequer acompanhados pelos gestores, o que fragilizava a ação coletiva da escola. Com isso, o aspecto mais importante da didática era a aula, elaborada de forma isolada, uma vez que não se tinha o planejamento do todo.

Projeto, como ressalta Veiga (2013), indica uma direção, uma ação intencional, definido com um sentido explícito que representa um compromisso coletivo. Por isso, a elaboração coletiva (docentes, equipe técnico-pedagógica e comunidade escolar) do PPP é o caminho não só para a construção de um planejamento participativo, mas também para que todos possam, de fato, se envolver, desenvolver e avaliar as estratégias e as ações definidas para o alcance da missão da escola e de seus objetivos, especialmente em instâncias colegiadas de avaliação coletiva, como o conselho de classe.

Os efeitos da descontinuidade são ainda mais perversos. Mesmo as propostas que resistem a essa "gangorra política e pedagógica", como é o caso do Bloco Inicial de Alfabetização (BIA), avançam lentamente e tendem, até mesmo, a existir muito mais no discurso e nos documentos normatizadores do que efetivamente na prática. Acompanhando de perto o trabalho das professoras alfabetizadoras, da escola e dos gestores de nível central e intermediário, Dias (2014) verificou que, embora o projeto vise a uma organização em ciclo, prevalecem, nas práticas pedagógicas instituídas, as características da seriação. Exemplo disso é que o conselho de classe é fragmentado por ano. Como a tônica é o desempenho escolar do estudante, como analisaremos à frente, esse momento de avaliação coletiva não toma como referência o trabalho pedagógico do ciclo de alfabetização; até mesmo porque na escola não há planejamento instituído. O que predomina são práticas organizadas para períodos curtos, geralmente em torno da aula, apenas.

Somam-se a essa questão outras variáveis, tais como: a) a não extensão progressiva do ciclo para todas as escolas de anos iniciais do ensino fundamental; b) a falta de avaliação periódica da proposta, com vistas a novas tomadas de decisão; c) a atuação pouco eficaz de muitos Centros de Referência em Alfabetização, talvez por falta de uma política pública central mais efetiva; d) os equívocos conceituais, principalmente em relação ao entendimento da organização escolar em ciclos na atual proposta do BIA e também disseminados nas escolas; e) a falta de condições de trabalho, em muitas escolas, com relação a estrutura física e recursos; f) a lenta universalização da educação infantil; g) a falta de pesquisas e trocas de experiências de propostas inovadoras na alfabetização, entre outras. Contribui para o agravamento desse quadro a pouca apropriação do currículo oficial e sua falta de solidez para orientar o trabalho desenvolvido na SEEDF, bem como a falta de planejamento coletivo, conforme será discutido no próximo item.

2. Dificuldades de apropriação do currículo prescrito: Cruzamento de práticas

O cenário político-social brasileiro pode ser considerado um palco híbrido na concepção e na organização curricular das instituições escolares. Híbrido no sentido de que, ao mesmo tempo em que trabalhamos mediante ideais sociais democráticos, temos uma representação de grandes desigualdades sociais, reflexo de um país colonizado e marcado por um regime ditatorial. Híbrido também no sentido de um cenário de exigência do crescimento por pressão dos sistemas tecnológicos e econômicos, correspondendo ao legado tecnológico e eficiente do currículo (Sacristán 2000). É por isso que o currículo prescrito, expresso por uma série de determinações políticas para a prática escolar, é tomado como um elemento com alto poder de intervenção e comumente está no centro das propostas de reforma educacional.

A pouca apropriação do currículo prescrito pelas escolas, como pode ser observado na pesquisa de Dias (2014), é uma das consequências do problema da descontinuidade de políticas e ações na área educacional. Observou-se na Escola Bioma que o currículo da rede pública do DF não era utilizado nem mesmo conhecido pelos professores. A organização era por série/ano em que lecionavam e se limitava à seleção de conteúdos e, algumas vezes, à elaboração de projetos construídos com base em alguma temática. Além disso, identificou-se que a escola também não tinha um currículo explícito, elaborado e conhecido por todos. Cada grupo de professores organizava as aulas no decorrer do ano letivo da forma que achasse melhor, pois não havia um planejamento curricular com metas para médio e longo prazos.

Com efeito, a progressão curricular, que emerge da interação e da confluência dos objetivos e dos conteúdos previstos no currículo, não era garantida, podendo gerar prejuízos para a aprendizagem dos estudantes. A propósito, segundo relato da diretora, atuando na mesma escola há 32 anos, nem mesmo o PPP é um documento construído e revisto periodicamente. O atual foi feito em 2010 por exigência da SEEDF, limitando-se, portanto, a um documento elaborado para cumprir uma tarefa burocrática (Dias 2014). Quando isso ocorre, a escola deixa de ser um espaço de diálogo fundado na reflexão coletiva e há uma fragmentação do trabalho realizado e sua rotinização, de modo que os interesses reais e coletivos correm o risco de não serem alcançados. Assim, a escola fica "refém" do controle hierárquico e de suas mazelas, o que interfere na efetivação de sua autonomia. A apropriação do currículo prescrito ocorre de forma lenta, abrindo uma lacuna para que a prática pedagógica (currículo em ação) seja moldada e dirigida pela experiência profissional e pelos recursos mediáticos em uso, que podem provocar a expropriação do trabalho docente.

Desse modo, a avaliação das práticas pedagógicas desenvolvidas no interior da escola durante determinado período – importante ação que deveria ser a tônica do conselho de classe – é inviabilizada. Abre-se, assim, espaço para que prevaleça a lógica de avaliar para classificar os estudantes, e os indicadores produzidos pela escola, como as taxas de reprovação, evasão e abandono escolar, nem sequer são discutidos coletivamente.

3. Conselho de classe: Reprodutor de práticas de avaliação excludentes

Não basta modificar o regime da organização escolar se as políticas educacionais, e também a escola, não rompem com as práticas de exclusão. Para Jacomini (2009, p. 559), "é necessário que o processo educacional escolar seja pensado na perspectiva da não exclusão e de relações sociais democráticas". A autora acrescenta: "Quando a escola só consegue ensinar uma parte de seus alunos, abandonando à própria sorte os demais, ela continua operando no paradigma da educação como privilégio".

No ciclo, a lógica é que a escola se adapte às necessidades dos estudantes, e não o inverso. Por que, então, muitas crianças têm passado três anos na mesma escola, na maioria dos casos, e não conseguem alfabetizar-se? Será que os procedimentos pedagógicos estão a serviço da diversidade e atendem às dinâmicas individuais de aprendizagem? O tempo, o espaço, os conteúdos, as metodologias, a avaliação e as relações escolares sofreram modificações significativas com a implantação do BIA?

Com base no acompanhamento feito por Dias (2014) na Escola Bioma, percebe-se que não. O maior índice de reprovação da escola, assim como ocorre na rede pública de ensino nesse período de escolarização (1º ao 5º ano), está no final do ciclo de alfabetização. Nos últimos quatro anos, o 3º ano teve o maior percentual de alunos reprovados.

Verificou-se que, enquanto a média de reprovação do 4º e do 5º anos esteve em torno de 6,4%, a do 3º ano foi de 21%. Ficam para trás justamente os estudantes que precisam de atendimento diversificado e contam com pouco auxílio da família, conforme verificado durante as reuniões de conselho de classe e também por meio de conversas entre a pesquisadora, os professores e os gestores da escola. Grande parte desses alunos mora em um setor de chácara irregular, que atualmente é a maior favela do Distrito Federal. É nesse sentido que Esteban (2006, p. 93) afirma que "a posse do conhecimento se torna um processo de luta social, que marca profundamente a função e o desenvolvimento da escola, como instituição socialmente responsável pela alfabetização". Assim, acrescenta a autora, quando a concepção de homogeneidade é a que opera na dinâmica da avaliação desenvolvida em sala de aula e também constitui a formação docente, torna a ação pedagógica excludente.

Consideramos que a escola não seriada tem maiores possibilidades de assumir o compromisso com as aprendizagens dos estudantes, de forma que a reprovação passa a não fazer sentido. No entanto, também entendemos que não basta apenas mudar a nomenclatura de seriação para ciclos, o que acontece quando o professor somente é impedido de "reprovar" o aluno ao final de um ou mais anos letivos. Outro equívoco é centrar toda a mudança apenas no professor. Embora a formação continuada seja fundamental, ela pouco surtirá efeito se o professor não tiver as devidas condições para implementar estratégias que, efetivamente, assegurem que as necessidades individuais dos estudantes possam ser atendidas.

A questão é que as políticas educacionais estão mais voltadas para o controle do trabalho docente, apoiando-se essencialmente no estabelecimento de padrões que possibilitem comparar, classificar e excluir. Ancoradas na teoria da responsabilização, ou melhor, da culpabilização (Freitas 2010), fomentam a competitividade e negligenciam o desenvolvimento de práticas de avaliação que envolvam todos os atores do processo educacional.

Com efeito, a avaliação ainda é utilizada pela escola como um dos mecanismos internos que cumprem a função de legitimar a seletividade escolar. A ênfase continua sendo o erro/acerto dos estudantes. Há pouco espaço para a reflexão sobre a necessidade de adequações ou mesmo modificações das práticas pedagógicas, com base nas avaliações realizadas no interior da escola e, menos ainda, para compreender os significados das avaliações externas.

Os momentos de avaliação coletiva na escola nem sempre se voltam para analisar seus processos internos para a melhoria do planejamento, como Dias (2014) constatou na pesquisa. Em relação ao momento do conselho de classe, a pesquisadora observou que o mote é o desempenho individual do estudante.

As professoras, conforme já relatado, se reúnem por série/ano letivo para realizar o conselho de classe, mesmo fazendo parte de um ciclo de alfabetização. Durante todo o tempo, a preocupação é apresentar o desempenho individual de cada estudante, tendo como principal referência o nível de escrita avaliado nos testes da psicogênese aplicados no bimestre. Há uma necessidade de justificar o suposto "fracasso", e, para isso, as professoras responsabilizam as crianças. Mesmo sendo recorrente o reconhecimento de que "cada um tem um ritmo diferente", o problema passou a ser a turma heterogênea. Essa turma era formada por crianças com "dificuldades" de aprendizagem, "indisciplinadas", "preguiçosas", "desinteressadas" e que ainda não frequentavam as aulas de reforço e não realizavam as tarefas de casa, pois as famílias pouco contribuíam, conforme relato constante das professoras.

Quanto aos gestores que acompanhavam os conselhos de classe, Dias (2014) observou que o foco era o preenchimento da ata que deveria ser enviada para a Coordenação Regional de Ensino. No documento, o desempenho da turma era relatado de modo geral: relacionavam-se os alunos com baixo rendimento escolar e/ou faltosos, sendo rara a descrição das ações realizadas e dos futuros encaminhamentos do grupo.

Entretanto, a questão deveria estar nos fins. Avalia-se para quê? Avalia-se por quê? Se qualquer avaliação estiver dissociada de seu componente, os objetivos, perderá o sentido e trará poucas contribuições, tanto para quem avalia quanto para quem é avaliado. Por isso, a avaliação não pode limitar-se ao processo de ensino-aprendizagem por meio da análise de resultados obtidos.

Aliançada com a realidade, a avaliação do trabalho pedagógico é guiada por princípios éticos que garantem o respeito e a solidariedade, na direção da realização do bem coletivo, sendo promotora de ações efetivas que favoreçam um trabalho pedagógico mais coerente e compatível com os anseios da rica variedade de sujeitos, espaços e tempos que dela participam. Os objetivos devem ser claros, bem como os critérios de avaliação e interpretação. Seu uso contínuo pode envolver toda a comunidade educacional a comprometer-se com o desenvolvimento do trabalho realizado na escola.

A retroalimentação do projeto político-pedagógico e, nesse momento, o desenvolvimento curricular são os pontos-chave dessa instância de avaliação. Avaliar o trabalho realizado é o que dará condições ao grupo de refletir sobre as ações necessárias para o alcance dos objetivos traçados, mantendo o que está dando certo e revendo aquelas ações que pouco contribuíram ou interferiram no processo de ensino-aprendizagem. Assim, a avaliação deixa de ter um fim em si mesma e tem maiores possibilidades de se efetivar como processo avaliativo-formativo.

Considerações finais

A pesquisa revelou que o modo pelo qual o conselho de classe é concebido e operacionalizado expressa diferentes contradições presentes nas práticas escolares e que ainda assombram o cotidiano escolar. Dessa forma, é concebido como instância de decisão coletiva, órgão colegiado democrático, mas na prática é o reflexo da visão organicista da divisão social do trabalho, ancorada na teoria estrutural-funcionalista que imperou nas décadas de 1960 e 1970 e que aglutina os diversos profissionais da escola, recompondo a estrutura fragmentada para julgar o desempenho dos estudantes.

Diferentemente, o conselho de classe deve ser o momento em que a comunidade escolar retoma os objetivos definidos, avalia seus indicadores internos, analisando as diferentes variáveis que interferiram direta ou indiretamente, e replaneja ações futuras. É preciso romper com a visão dicotômica que busca a responsabilização do outro e ter como foco o processo pedagógico desenvolvido com a participação de todos. Para tanto, temos que garantir que nossas escolas tenham um currículo forte, coerente, sequencial, explícito, assumido e avaliado por todos.

Referências bibliográficas

BRASIL (1996). Lei n. 9.394, de 20 de dezembro de 1996. Estabelece as diretrizes e bases da educação nacional. *Diário Oficial da União*, 23 dez. Brasília.

DALBEN, A.I.L. de F. (2004). *Conselhos de classe e avaliação: Perspectiva na gestão pedagógica da escola*. Campinas: Papirus.

DIAS, E.T.G. (2014). "Provinha Brasil e regulação: Implicações para a organização do trabalho pedagógico". Tese de doutorado em Educação. Brasília: Faculdade de Educação/UnB.

ESTEBAN, M.T. (2006). *O que sabe quem erra? Reflexões sobre avaliação e fracasso escolar*. Rio de Janeiro: DP&A.

FREINET, C. (1975). *As técnicas Freinet da Escola Moderna*. Lisboa: Estampa.

_____ (1980). *A educação do trabalho*. São Paulo: Martins Fontes.

FREITAS, L.C. de (2010). "Sistema nacional de avaliação: Mediações ausentes". *In*: BRASIL. Ministério da Educação. *Coletânea de textos da Conae: Tema central e colóquios*. Brasília.

JACOMINI, M.A. (2009). "Educar sem reprovar: Desafio de uma escola para todos". *Educação e Pesquisa*, v. 35, n. 3, set.-dez. São Paulo, pp. 557-572.

ROCHA, M. (1986). *Conselho de classe: Burocratização ou participação?*. 3ª ed. Rio de Janeiro: Francisco Alves.

SACRISTÁN, J.G. (2000). *O currículo: Uma reflexão sobre a prática*. 3ª ed. Trad. Ernani F. da F.R. Porto Alegre: Artmed.

VEIGA, I.P.A. (org.) (2013). *Projeto político-pedagógico da escola: Uma construção possível*. 29ª ed. Campinas: Papirus.

9
É POSSÍVEL DRIBLAR O *BULLYING*
NA ESCOLA POR MEIO DA AVALIAÇÃO?

Benigna Villas Boas

As discussões sobre *bullying* na escola não têm feito referência a sua possível articulação à avaliação. Constata-se que ele acontece geralmente nas escolas, por serem o lugar que concentra grande número de crianças e jovens. Os estudiosos do tema fazem recomendações no sentido de toda a comunidade escolar desenvolver ações preventivas para que o problema não se avolume. Contudo, percebemos que a avaliação, um dos componentes mais fortes do trabalho escolar e que pode evitar ou acirrar comportamentos agressivos, não tem sido levada em consideração quando o assunto é *bullying*. Esse é o foco deste capítulo. Comecemos então por considerações gerais sobre a avaliação.

Costumamos conhecer e valorizar a avaliação realizada por meio de procedimentos formais, como provas e outras produções escritas e orais. Nessas ocasiões, os estudantes sabem que estão sendo avaliados e se preparam para isso. Contudo, há outra modalidade avaliativa continuamente presente na escola e que atua desde que o estudante passa por seus portões: a avaliação informal. Como o nome indica, é desenvolvida sem dia nem hora marcada, nem tem seus resultados registrados. Acontece por meio de comentários encorajadores ou não, comparações, olhares e gestos de aprovação ou desaprovação. São manifestações que sempre existiram e que têm consequências, boas ou más. Essa avaliação parte geralmente dos professores, mas os estudantes também a praticam entre si, talvez copiando as ações dos mestres. Quem não se lembra de um apelido que recebeu durante uma situação constrangedora ou engraçada? Quando são brincadeiras estudantis e sem maldade, tudo acaba bem. Entretanto, a prática da avaliação informal por parte dos professores que causa desconforto aos estudantes pode inspirá-los a reproduzirem com os colegas o que vivenciaram. Isso pode ter desdobramentos desagradáveis e perversos.

Para desenvolver seu trabalho, as escolas contam com um recurso grandioso: a contínua interação dos professores com os estudantes, o que os aproxima, amplia as aprendizagens e possibilita a realização da avaliação informal. Essa avaliação acontece de várias formas, mas algumas precisam ser repensadas. Por exemplo: a devolução pelo professor de provas e outras atividades desenvolvidas pelos estudantes, anunciando a nota de cada um em voz alta, acompanhada de comentários, pode suscitar brincadeiras de mau gosto que, ao longo do tempo, vão assumindo caráter perigoso. Outra situação corriqueira: o estudante chega atrasado para a primeira aula da manhã, e o docente assim o cumprimenta, de maneira jocosa: "Boa tarde!". Todos os estudantes se voltam para o retardatário e riem. Se a situação gerar incômodo e se repetir, é provável que daí nasça o *bullying*. Esses são apenas dois exemplos de avaliação informal presenciados por toda a turma que podem constranger determinados estudantes e estimular o *bullying*.

Mesmo sendo tão comum, a avaliação informal não costuma ser levada a sério. Freitas *et al.* (2009, p. 27) ensinam que nessa avaliação

> estão os juízos de valor invisíveis e que acabam por influenciar os resultados das avaliações finais e são construídos pelos professores e alunos nas interações diárias. Tais interações criam permanentemente representações de uns sobre os outros. A parte mais dramática e relevante da avaliação se localiza aí, nos subterrâneos onde os juízos de valor ocorrem.

E mais: os professores tendem a tratar seus estudantes de acordo com os juízos de valor que constroem sobre eles (*ibidem*, p. 28). Até que ponto cabe divulgar esses juízos de valor? É ético socializá-los com os estudantes e mesmo com colegas? Quais serão as consequências? A avaliação é mais séria do que se pensa porque, malpraticada, pode causar grandes danos.

Embora não mencionem o *bullying*, Freitas *et al.* (2009) dão a largada para a compreensão de que essa avaliação, quando efetuada de maneira irresponsável, irrefletida, constrangedora, punitiva e pública, pode desencadear ou reforçar esse fenômeno. Cuidado, porém! As costumeiras "zoadas" e brincadeiras entre estudantes, sem consequências maldosas, não são *bullying*. Este ocorre quando as ações são repetitivas e causam sofrimento à vítima. Não é o caso de entendermos que qualquer desavença ou briga é *bullying*. É o que nos dizem Manzini e Branco (2017, p. 17): "O termo *bullying*, sem tradução para o português, significa agredir de forma intencional e repetitiva outra pessoa ou grupo, física e/ou psicologicamente, havendo sempre um desequilíbrio de poder entre vítimas e agressores".

Por desequilíbrio de poder, entende-se que o agressor "usufrui de maior força e/ou prestígio do que a vítima, que se sente impotente para denunciar as agressões" (*ibidem*, p. 18). Acrescente-se que o objetivo é levar a vítima à submissão.

Lisboa, Wendt e Pureza (2014, p. 16) ampliam esse entendimento, esclarecendo tratar-se de "um fenômeno que acontece quando uma criança ou jovem é sistematicamente agredido, sem motivação aparente, por um ou mais agressores, gerando discriminação e exclusão dessa criança do grupo". O que o diferencia de uma brincadeira de criança "é justamente o fato de que as atitudes agressivas, além de repetidas, são intencionais, executadas dentro de uma relação desigual de poder, causando dor, angústia e humilhação" (*ibidem*). Isso acontece, porque a vítima costuma estar em posição de fragilidade em relação ao agressor, o que a impede de se defender, acrescentam os autores.

Os mesmos autores citam Salmivalli (1998), para quem, no *bullying*, quatro papéis sociais são claramente identificados: agressor, vítima, reforçador e testemunha. O agressor é o que protagoniza a violência contra a vítima, que pouco ou nenhum recurso tem para se defender. Os reforçadores são os que estimulam, encorajam o agressor e estão juntos com ele. Testemunhas são os que apenas presenciam o ato e nada fazem para defender a vítima. Essa imparcialidade fortalece as ações do agressor, que se coloca em evidência perante a plateia. Os autores apontam que as vítimas costumam ter poucos amigos, comportamento passivo, ser retraídas e apresentar baixa autoestima.

Na escola, um possível risco para a ocorrência do *bullying* é a avaliação informal, à qual já nos referimos. Pouca atenção se dá a ela, embora faça parte do contexto da escola e da sala de aula. Preocupados que são com as aprendizagens de seus estudantes, com notas e provas, os professores não se dão conta de que todos os aspectos da dinâmica avaliativa são incorporados por eles e têm consequências. A interação constante com os estudantes, de maneira individual e coletiva, para a criação de ambiente propício às aprendizagens, é saudável quando é colaborativa e desprovida de classificações, comparações, punições e arrogância. Sendo a escola um local de aprendizagens em que as avaliações são constantes, as comparações costumam ser inevitáveis e fugir ao controle dos professores. Os exames externos à escola e a supervalorização do Índice de Desenvolvimento da Educação Básica (Ideb)[1] podem conduzir a equipe da escola a pressionar os estudantes por notas altas, provocando disputas entre eles, criando ocasiões para o *bullying*. Driblá-lo, isto é, evitar que ocorra, principalmente nos tempos atuais, é urgente. Em lugar de colocarem todas as atenções em testes e notas, as escolas têm de se ocupar da formação dos estudantes. Entendemos ser o *bullying* um fenômeno complexo, fugindo muitas vezes da alçada escolar. Contudo, queremos argumentar que a avaliação informal pode exacerbá-lo ou reduzir as chances de sua ocorrência. Vale lembrar que esse fenômeno é observado entre estudantes de escolas de educação básica e de ensino superior. Em cada contexto, assume características diferentes.

Diante disso, como lutar contra o *bullying* na escola?

- Em primeiro lugar, é preciso impedir seu surgimento. Um dos cuidados tem a ver diretamente com a avaliação que, ao comprometer-se com a conquista das aprendizagens pelos estudantes, repele qualquer forma de rejeição, discriminação, comparação, indiferença, competição, classificação e preferência. Um ambiente avaliativo acolhedor e voltado para a inclusão de todos no processo de conquista das aprendizagens é um bom começo.

- O combate tem início desde os primeiros anos de escolarização. Nessa etapa, as crianças geralmente têm um único professor que com elas interage intensamente durante todo o período de aulas, o ano todo. Essa interação ora é individual, ora coletiva, quando são feitas apreciações sobre suas atividades e atitudes. Equivocadamente, esses professores costumam avaliar até seus comportamentos, acreditando que avaliam a criança como "um todo", em lugar de avaliar seu trabalho, isto é, a progressão de suas aprendizagens. Assim agindo, tudo o que pensam é dito publicamente, às vezes em tom áspero. Os comentários são ouvidos e internalizados por todos, provocando reações diversas. Combater o *bullying* inclui o cuidado com o que se diz, a quem e de que forma. A luta contra ele é pertinente porque sua existência pode contribuir para a desestabilização do trabalho pedagógico da turma e prejudicar a conquista das aprendizagens pelos envolvidos.

---

1. O Ideb é um indicador, em forma de nota, destinado ao acompanhamento da qualidade da educação pela população.

- Todos os profissionais da escola devem estar atentos aos momentos de interação dos estudantes para evitar que atitudes avaliativas incompatíveis com o trabalho escolar tenham início. É mais fácil cortar o mal pela raiz. Crianças menores são espontâneas e se expressam livremente. Observar como se comportam umas com as outras previne reações inaceitáveis, como usar apelidos constrangedores e risadinhas maliciosas. Valorizar as ações de cada criança sem dar destaque a nenhuma delas é uma estratégia a ser seguida.

- O envolvimento dos pais/responsáveis no processo avaliativo e a discussão com eles sobre o *bullying* e suas consequências fazem parte do processo de combate. O tratamento dado aos estudantes em casa e na escola deve estar em sintonia, para que eles se sintam seguros.

- Qualquer forma de classificação e competição pode incitar o *bullying*, como estudantes-destaque, ranqueamentos, organização de turmas pelo suposto nível de aprendizagem, notas etc. Como estas últimas são comuns e adotadas largamente, devem ser cercadas de cautela para não criarem a figura dos "melhores" e dos "piores" estudantes. Alguém poderá alegar: por que a escola deve agir assim se o mundo do trabalho é competitivo? A sociedade, sim, é competitiva, mas a escola é democrática e está a serviço das aprendizagens de todos. Valorizar a competição e o desempenho individual em detrimento do coletivo pode criar clima de hostilidade e disputa entre colegas (Manzini e Branco 2017, p. 163).

- A escola que trabalha de maneira padronizada e com os estudantes enfileirados em sala de aula, cada um cuidando do que é seu, é propensa a casos de *bullying*. Sua prevenção inclui o trabalho colaborativo desde os primeiros anos de escolarização, que estimule e valorize as contribuições de todos. Contudo, essa forma de trabalho não é restrita aos estudantes. Eles têm de perceber que é uma dinâmica adotada por todos os setores escolares.

- Há ações escolares fortemente vinculadas à avaliação e propícias a gerar *bullying*, como a de os professores encaminharem à direção estudantes que praticam indisciplina ou deixam de realizar tarefas. Em primeiro lugar, o professor que assim age está abdicando de sua autoridade e responsabilidade quanto a seu trabalho. Em segundo, os estudantes não podem ser privados das atividades de sala de aula. Em terceiro, os que recebem essa sanção pública costumam ser alvo de chacota por parte dos colegas, sentir-se humilhados e rejeitados e, consequentemente, tendem a praticar o *bullying* por revolta. Nessa situação, as vítimas são os mais fracos fisicamente, os mais quietos e os que têm melhor desempenho, como vingança. Como se percebe, como não atrelar o *bullying* escolar à avaliação?

- No caso de serem aplicadas sanções aos agressores, Fante (2005, p. 118) recomenda que sejam educativas, de modo que uma sanção negativa seja substituída por uma positiva. O desejável é que se estabeleçam essas ações em conjunto com os estudantes. Até nesses momentos o trabalho colaborativo é enriquecedor.

- Combater o *bullying* requer a formação dos profissionais da escola para que o compreendam e criem mecanismos para evitá-lo. Além disso, é necessária a formação em avaliação, não apenas dos professores, porque os estudantes se relacionam com todos os que atuam na instituição, para que estejam alinhados com o processo avaliativo em desenvolvimento. A avaliação informal, que temos insistido em discutir, é praticada não somente pelos professores, mas também por todos aqueles com quem os estudantes entram em contato. Veja-se o exemplo do porteiro, o primeiro a receber cada estudante, aquele que percebe com que ânimo o aluno chega à escola e seu estado de espírito ao deixá-la. Sabe informar em que companhia chega e sai da instituição. Esse profissional é de suma importância na escola.

- Há necessidade de os professores estarem presentes e atentos em todos os ambientes escolares e não somente nas salas de aula. Pode parecer sobrecarga de trabalho ou desvio de função. Nada disso! Faz parte do processo de aprendizagens. Para facilitar o trabalho, um rodízio pode ser útil. Funcionários acompanhando a entrada e a saída dos estudantes e o recreio constituem uma boa ajuda. Contudo, o combate ao *bullying* requer a presença constante dos que têm condições de detectar o início de problemas.

Estamos vivendo tempos de exacerbação de preconceitos de toda sorte, quando estigmatizar os outros, os "diferentes", torna mais fácil justificar comportamentos agressivos, opressores e omissos em relação aos outros. Sem dúvida, o *bullying* é expressão de preconceito e intolerância a tudo e todos que sejam diferentes de um padrão idealizado por nossa sociedade de consumo. (Manzini e Branco 2017, p. 34)

A conversa sobre a articulação entre *bullying* e avaliação precisa ser aprofundada. Por ora, encerramos nossas reflexões com as contribuições de Silva (2015, p. 64), para quem:

As escolas mais sensíveis e atentas às mudanças globais de nosso tempo já estão procurando iniciar processos de inovação e de reforma que poderão dar conta dos novos desafios. É necessário modificar não somente a organização escolar, os conteúdos programáticos, os métodos de ensino e estudo, mas, sobretudo, a mentalidade da educação formal.

A autora defende mudanças no processo avaliativo, principalmente no que concerne a procedimentos. Admite que apenas testes e provas não são suficientes para a formação dos jovens para a cidadania plena. Reconhece a necessidade de as transformações atingirem escola e família, como nós também ressaltamos. Embora não mencione, a avaliação informal está fortemente imbricada nas transformações por ela defendidas. Entretanto, faltou explicitar sua possível relação com o *bullying*. É necessário que toda a equipe escolar reconheça a presença constante dessa modalidade avaliativa, informe-se sobre ela, esteja atenta a seus desdobramentos e a pratique de maneira encorajadora e respeitosa.

Lembremo-nos de que o *bullying* expõe intolerâncias e preconceitos, o mesmo podendo ocorrer com a avaliação informal. A atuação conjunta da família e da escola pode evitar e banir comportamentos agressores e perniciosos.

Referências bibliográficas

FANTE, C. (2005). *Fenômeno bullying: Como prevenir a violência nas escolas e educar para a paz.* Campinas: Verus.

FREITAS, L.C. *et al.* (2009). *Avaliação educacional: Caminhando pela contramão.* Petrópolis: Vozes.

LISBOA, C.S.M.; WENDT, G.W. e PUREZA, J.R. (2014). *Mitos e fatos sobre bullying: Orientações para pais e profissionais.* Novo Hamburgo: Sinopsys.

MANZINI, R.G. e BRANCO, A.U. (2017). *Bullying: Escola e família enfrentando a questão.* Porto Alegre: Mediação.

SALMIVALLI, C. (1998). "Intelligent, attractive, well-behaving, unhappy: The structure of adolescent's self-concept and its relations to their social behavior". *Journal of Research on Adolescence*, v. 8, n. 3, pp. 333-354.

SILVA, A.B.B. (2015). *Bullying: Mentes perigosas nas escolas*. São Paulo: Globo.

10
REFLEXÕES FINAIS: A AVALIAÇÃO NA, DA E PELA ESCOLA

Enílvia Rocha Morato Soares

Cabe ao gestor organizar e conduzir as avaliações praticadas na escola, canalizando-as no sentido formativo, sendo, ele próprio, participante ativo desse processo. Superar concepções que insistem em associar avaliação ao julgamento taxativo e unilateral de um sujeito sobre o outro passa, necessariamente, pela horizontalização das relações no interior da escola. Avaliador e avaliado ocupam, desse modo, posições similares, porque visam o alcance de objetivos que são comuns. Trata-se de analisar conquistas e desafios para, daí, centrar esforços na melhoria do trabalho e, em decorrência, na conquista de aprendizagens emancipadoras. Quando realizadas por todos os envolvidos, essas análises são enriquecidas por olhares que permitem visualizar a realidade a partir de diferentes ângulos, ou seja, em sua totalidade.

A aprendizagem é o propósito maior. Todos ganham com a progressiva e permanente construção de conhecimentos: a escola, que imprime melhorias no trabalho que desenvolve, ampliando chances de cumprir o seu papel de ensinar a todos; os estudantes, que recuperam, conquistam e/ou expandem o prazer de aprender; os familiares, que veem atendidos seus anseios de acompanhar o progresso dos filhos e/ou dependentes; e os gestores centrais e locais que, a partir das informações que levantam, criam e/ou fomentam políticas e mecanismos de apoio às escolas e seus profissionais, visando dotá-los das condições necessárias para tornar real o projeto político-pedagógico idealizado.

A construção de um trabalho nessa perspectiva requer avaliações dialogadas com ética e respeito. Ouvir e acolher posições de segmentos por muito tempo silenciados, como é o caso dos estudantes e seus familiares, exige, da escola, o compromisso político de democratizar processos avaliativos e, consequentemente, permitir a todos acesso contínuo e progressivo a novos conhecimentos. A avaliação se exime, assim, do seu caráter ameaçador, assumindo o papel formativo de contribuir para melhorias e avanços constantes.

O trabalho, como se vê, é coletivo e demanda letramento em avaliação daqueles que dele participam. A aprendizagem da avaliação e a contextualização desses saberes, no cotidiano escolar, possibilita instituir práticas avaliativas que formam e emancipam, em vez de punir e premiar, classificar e selecionar. Uma avaliação guiada pela intenção de promover aprendizagens é solidária e fraterna. A competitividade e a individualidade perdem espaço para a cooperação e a parceria. O sentimento de união predomina, uma vez que o sucesso de um beneficia a todos. É o social em detrimento do pessoal.

Segundo Villas Boas (2008), a avaliação deixa marcas. Que todos os envolvidos no processo educativo-avaliativo sejam marcados positivamente.

Referência bibliográfica

VILLAS BOAS, B.M. de F. (2008). *Virando a escola do avesso por meio da avaliação*. Campinas: Papirus.

SOBRE OS AUTORES

Benigna Villas Boas (org.) é pedagoga, mestre e doutora em Educação. Professora emérita da Universidade de Brasília (UnB), coordena o grupo de pesquisa Avaliação e Organização do Trabalho Pedagógico (Gepa).

Claudia de O. Fernandes é pedagoga, mestre e doutora em Ciências Humanas pela PUC-Rio, com pós-doutoramento em Avaliação Educacional pela Universidade Federal Fluminense (UFF). Professora associada da Faculdade de Educação e do Programa de Pós-graduação em Educação da Universidade Federal do Estado do Rio de Janeiro (UniRio), coordena o Grupo de Estudos e Pesquisas em Avaliação e Currículo (Gepac/UniRio/CNPq).

Edileuza Fernandes Silva é doutora em Educação pela Faculdade de Educação da Universidade de Brasília (FE/UnB), onde atua como professora adjunta na área de didática. Participa dos grupos Estudo e Pesquisa em Didática; Estudos e Pesquisa sobre Marxismo e Formação do Educador (FE/UnB/CNPq) e Profissão Docente e Práxis Educativa (UniCeub/CNPq).

Elisângela T. Gomes Dias é pedagoga, mestre em Psicologia Educacional e doutora em Educação. Atua como professora da Secretaria de Estado de Educação do Distrito Federal, assessora pedagógica do curso de Medicina do Centro Universitário Unieuro/DF, além de integrar o grupo de pesquisa Avaliação e Organização do Trabalho Pedagógico (Gepa).

Enílvia Rocha Morato Soares (org.) é mestre e doutora em Educação. Professora aposentada da Secretaria de Estado de Educação do Distrito Federal, integra os grupos de pesquisa Avaliação e Organização do Trabalho Pedagógico (Gepa) e Docência, Didática e Trabalho Pedagógico (Prodocência).

Rosana César de Arruda Fernandes é pedagoga e doutora em Educação pela Faculdade de Educação da Universidade de Brasília (FE/UnB), onde atua como professora adjunta. Professora aposentada da Secretaria de Estado de Educação do Distrito Federal, integra o grupo de pesquisa Profissão Docente e Práxis Educativa (UniCeub/CNPq).

Rose Meire da Silva e Oliveira é pedagoga, com mestrado em Educação. Professora aposentada da Secretaria de Estado de Educação do Distrito Federal, integra o grupo de pesquisa Avaliação e Organização do Trabalho Pedagógico (Gepa).

Sílvia Lúcia Soares é pedagoga, mestre e doutora em Educação pela Universidade de Brasília (UnB). É professora aposentada da Secretaria de Estado de Educação do Distrito Federal.